Un Franco-Ontarien parmi tant d'autres

Du même auteur

Chez un autre éditeur

Le Franco-Ontarien : Une histoire de prostitution, récit, Ottawa, Le Nordir, 1996, 158 pages.

ELMER SMITH

Un Franco-Ontarien parmi tant d'autres

Métissage culturel, souveraineté, Église et foi en Dieu

ESSAI

Collection « Amarres »

LES ÉDITIONS
L'INTERLIGNE

Catalogage avant publication de Bibliothèque et Archives Canada

Smith, Elmer, 1928-, auteur
    Un Franco-Ontarien parmi tant d'autres : métissage culturel, souveraineté,
Église et foi en Dieu : essai / Elmer Smith.

(Collection « Amarres »)
Publié en formats imprimé(s) et électronique(s).
ISBN 978-2-89699-416-8 (couverture souple). --ISBN 978-2-89699-417-5 (pdf).
--ISBN 978-2-89699-418-2 (epub)

    1. Smith, Elmer, 1928-. 2. Écrivains canadiens-français--Ontario--
Biographies. I. Titre. II. Collection : Collection « Amarres »

PS8587.M5283Z46 2014   C848'.5409   C2014-904413-5
                                                  C2014-904414-3

Les Éditions L'Interligne
261, chemin de Montréal, bureau 310
Ottawa (Ontario) K1L 8C7
Tél. : 613 748-0850 / Téléc. : 613 748-0852
Adresse courriel : commercialisation@interligne.ca
www.interligne.ca

Distribution : Diffusion Prologue inc.

ISBN : 978-2-89699-416-8

À Clarice et Claude

Avant-propos

J'assistais l'autre jour à des funérailles pour la troisième fois en autant de mois. Déambulant sur le chemin du retour sur une piste cyclable en bordure de la rivière des Outaouais, je réfléchissais sur ma mortalité, me voyant déjà avant beaucoup d'années, de mois, de jours peut-être, basculer de l'autre bord. Au contraire des autres moments où l'idée de ma mort prochaine me faisait signe, elle s'imprimait dans ma chair, aurait-on dit, comme une présence de tous les instants, urgente même, et qui n'avait pourtant rien de morbide. Une résignation paisible, fataliste, presque heureuse devant l'inévitable.

J'eus alors le goût d'exprimer sur papier des pensées concises, tandis que la vie m'en fournissait encore le loisir, sur ma conception de ma place dans l'univers et, ce faisant, de dresser le bilan de mes croyances ou de passer à l'aveu de leur absence. Ce n'était d'ailleurs pas la première fois que je me tournais vers l'écriture. Mais cette fois le temps pressait. Il était question de compenser l'idée dérangeante de ma mortalité et de gagner, du même coup, un peu d'immortalité après mon départ vers une autre dimension. De me ménager un refuge devant la mort qui répondrait à mon profond besoin de partager.

Après quelques semaines à m'interroger intensément sur cette force qui me poussait à livrer mon intimité, au risque de semer l'indifférence ou d'être désigné à la vindicte des critiques, je m'attelai à la tâche. On dira que ceux dont l'histoire ne retiendra pas les noms éprouvent rarement ce besoin de se raconter qui, soudainement, me grippait les entrailles. Or si mes inclinations différaient de celles des autres, je ne parvenais pas à en cerner complètement la raison ou, si l'on veut, à décortiquer mes véritables motivations.

Je jugeai alors plus utile de privilégier l'objet de ce livre à ma motivation, laissant mes affections psychologiques, conscientes et inconscientes au regard des psychologues et des psychanalystes, et livrant mes inclinations sociologiques à la loupe des spécialistes de la francophonie ontarienne. À trop m'analyser, je pourrais me perdre en suppositions et en conjectures douteuses sur les méandres de mon psychisme ainsi que sur mon trajet culturel identitaire. Quand tout serait dit et écrit, mes propos parleraient d'eux-mêmes. Le but immédiat et tout à fait transparent de mon exercice n'est quand même pas malin. C'est de me présenter résolument tel que je suis, tel que la vie m'a façonné au gré des expériences de toutes sortes, accumulées avec l'apport prépondérant de mon milieu franco-ontarien, ainsi que des gènes provenant de mes géniteurs et de mes ancêtres. En cela j'obéis de façon générale aux règles sociologiques, psychologiques et biologiques qui régissent les modes de pensée et les comportements d'à peu près tous ceux qui se réclament du genre humain. Je n'invente rien. Il y a des processus inaccessibles à la conscience, nous chante-t-on sur tous les tons, qui organisent en grande partie nos pensées et forgent nos jugements.

Il m'apparaît donc évident, comme le titre de l'ouvrage en fait foi, que mon identité franco-ontarienne occupera une place de choix dans ces pages, ne serait-ce que pour expliquer pourquoi et comment, au contraire de la vaste majorité des Franco-Ontariens de ma génération, je m'en suis pris à mon Église et à mon Dieu, ces deux principaux piliers de la survivance des miens. Comment aussi – je le dis en à-côté, car ce n'est pas le propos de mon livre – j'en suis venu à sympathiser avec le Mouvement national des Québécois (celui qui promeut et défend la souveraineté), plutôt que d'être enclin à le dénigrer avec mépris et agressivité, à l'instar d'à peu près tout mon entourage immédiat.

J'avais toujours cru dans ma grande naïveté, à titre de membre d'un des deux grands peuples fondateurs de mon pays, qu'il était naturel pour les membres de ma communauté parlant une même langue et liés par une même histoire et une même culture, de s'associer, d'échanger, de vivre ensemble et de chercher à se déterminer et à se gouverner quand le nombre et le territoire y étaient propices. Il était clair à mes yeux que la liberté collective se devait de faire bon ménage avec la liberté individuelle. En fait, l'une ne va pas sans l'autre dans un régime démocratique et les deux ont le devoir de s'équilibrer dans la réciprocité.

Au cours de notre histoire, mon Église a valorisé l'humilité et la conformité, la soumission aux autorités tant civiles que religieuses et le recours au mystère, alors que j'ai tendance à protester et à tout questionner. À cause de cette prédisposition naturelle ou instinctive à la contestation, je ruminais un refus bien senti de me plier de bonne grâce à ma condition de minoritaire et de fils de journalier, plus ou moins inculte au départ, ressentie comme une chape de plomb dont je tardais à me défaire.

C'est ce qui a fait de moi un sympathisant souverainiste un jour et un fédéraliste inconditionnel le jour suivant, et ce qui explique mon émancipation par rapport à l'Église. Ce refus du minoritaire de s'écraser et de s'affirmer tour à tour m'aura ensuite, ou en même temps, porté à me questionner sur Dieu Lui-même.

Qu'il soit croyant ou incroyant, le lecteur n'a rien à craindre de moi, car je n'éprouve aucune envie de convaincre qui que ce soit d'une quelconque vérité que je serais le seul à posséder, dans l'espoir secret qu'on y adhère. Victime des attitudes pontifiantes de ceux qui jadis m'entouraient, je n'oserais m'en prendre sciemment à la croyance ou à l'incroyance des autres dans le but de les convertir ou de tenter d'infirmer une conviction qui leur appartient.

Je réprouve depuis trop longtemps et avec trop de force la propension, chez beaucoup de doctrinaires que j'ai fréquentés, à chercher à évangéliser ceux qui diffèrent d'opinion pour tomber moi-même dans le même travers. A priori, je rejette le prosélytisme qui découle invariablement de toute idéologie, religieuse ou autre, toujours suspecte à mes yeux, portée par son essence même à inciter ceux qui subissent son emprise à s'engager dans la conversion de ceux et celles qui les entourent.

Je me propose tout simplement de livrer un message d'humanité en m'inspirant des péripéties de ma vie, sans aucune visée messianique ou conquérante. À chacun son compas et sa quête du nirvana. Cet écrit, fabulateur par moments, retrace mon propre itinéraire, rien de plus, laissant parler l'enfant que je fus autant que l'adulte plus réfléchi qui a suivi. Il ne constitue en rien un jugement sur celui des autres à l'écart du mien. Je le dédie bien humblement à ceux que j'ai nommés en tête d'ouvrage (maintenant disparus) ainsi qu'à ma progéniture, à mes autres proches et à tous ceux qui auront la patience de s'en approcher.

On aura deviné que la véritable autobiographie ne m'intéresse pas, ou plus exactement n'attirera personne. À quel titre, en effet, m'offrirais-je en exemple? Par ailleurs, je n'ai aucun appétit pour l'essai proprement dit avec ses règles relatives aux sources de l'ouvrage et aux notes en bas de page. Et les éditeurs que j'ai consultés ne m'ont reconnu aucun talent particulier pour le roman ou la nouvelle. Il me restait cette petite littérature individuelle qui ne se réclame d'aucune catégorie particulière.

Cet ouvrage sera donc une espèce d'essai qui n'en portera pas le nom ni n'en assumera la forme, et qui conséquemment, n'en sera pas un, à moins qu'on ne le juge de l'ordre du pamphlet, somme toute la forme la plus virulente de l'essai – ce dont j'espère pourtant m'être gardé, même en ce qui concerne mon Église.

Pour ceux qui auraient lu Jean Sulivan (pseudonyme de Joseph Lemarchand), le livre que voici se situe, me semble-t-il – certains pourraient en débattre –, à la frontière de l'autobiographie et de l'essai (voir *Devance tout adieu*), sans appartenir vraiment ni à la première ni à l'autre en ce lieu un peu flou où les deux se rencontrent, s'entre-croisent et s'interpénètrent. Je ne m'en défends surtout pas car tout écrit, surtout s'il se veut une sorte de testament, comporte une part autobiographique, et n'est rien, comme le dit à peu près Sulivan dans *Petite littérature individuelle* (suivi de *Logique de l'écrivain chrétien*), sinon un effort inconscient de l'auteur en vue d'attirer le lecteur vers une complicité de l'ombre. On en est toujours à plus d'un paradoxe près quand on se lance dans l'écriture.

C'est donc un genre littéraire justement à la Jean Sulivan (jadis l'un de mes auteurs préférés) que j'emprunte, celui de *La traversée des illusions*, ou à la Fernand Dumont dans la veine de son livre *Une foi partagée* (d'une densité parfois rebutante) dont, par ailleurs, je ne partage pas les conclusions – grand bien m'en fasse –, ou plus justement à la Karen Armstrong (*The Spiral Staircase*), à la Luis Pauwels s'étendant sur *Ce que je crois*. Il m'arrive aussi de privilégier une approche plus philosophique, dans le moule d'André Comte-Sponville dans *L'esprit de l'athéisme : Introduction à une spiritualité sans Dieu*, comme je verse dans d'autres courants, au gré de mes filiations diverses.

On constatera qu'aucune de mes influences n'est franco-ontarienne ; j'en fais mention en ne sachant trop encore quelle importance j'attache à cet aspect. Je sais que chez les miens, on ne s'est guère montré friand des auteurs mentionnés précédemment, qui ont attiré mon attention au cours de mon cheminement. À chacun ses choix de lecture selon ses goûts et ses besoins !

Je me suis inspiré de Sulivan, d'Armstrong et des autres, non pas tant dans le choix du contenu que dans le genre littéraire que j'imite effrontément. Comme eux, j'ai voulu me livrer dans ce que j'avais de plus profond, tout en tentant de rejoindre l'universel enfoui sous le poids des préjugés et des théories préconçues de toutes sortes qui m'habitaient et m'habitent encore, en attendant que je m'en déprenne. Et le tout sans trop me prendre au sérieux, l'humour tourné contre soi étant, dit-on, un gage de sagesse.

Il me semble pertinent d'ajouter dès le départ qu'en mettant Dieu et mon Église sur la sellette – position incontournable pour qui veut se mettre en question, qu'il soit Franco-Ontarien ou non –, j'ai cru que j'allais me donner une spiritualité nouvelle de mon propre cru, fondée sur Dieu, mais sur un Dieu différent de Celui qui m'était venu de la famille, dévolutif, et que l'on connaît si bien, sans jamais mettre en péril son existence, bien que je ne pourrais plus Le nommer ni Le définir comme avant. Je m'arrête en quelque sorte à mi-chemin, comblant ainsi un besoin plus ou moins conscient de sécurité.

Ma recherche était donc sans risque. Dieu serait toujours là pour me sauver. Il suffisait que je me libère (dans la mesure du possible) de mes conflits, de mes peurs et de mes incertitudes, de mon passé, de ma religion, de toute autre influence en provenance de l'extérieur (pourvu qu'une telle entourloupette soit possible), afin qu'une foi nouvelle en quelque chose qui me dépassait m'envahisse par je ne sais quel miracle, pour m'éclairer, me faire vivre et rendre mon existence utile et compréhensible, et par conséquent plus heureuse.

Or, toutes ces demi-mesures ne m'ont pas procuré les effets escomptés. Je soupçonne qu'elles ne réussissent jamais à ceux qui, comme moi, tout en affectant une plus grande ouverture d'esprit, continuent de se raconter des histoires. Une force intérieure insoupçonnée était apparue sans crier gare, m'incitant à me jeter à corps perdu dans le rejet de Dieu et de mon Église au point de n'avoir plus de croyances religieuses du tout, ce qui était justement contraire à mon intention originelle et largement en conflit avec les croyances et opinions de mon entourage immédiat et de la communauté franco-ontarienne en général. Je fais allusion surtout aux concitoyens de ma génération et peut-être de celle qui l'a immédiatement suivie. Les plus jeunes ont les mêmes soucis que leurs aînés, mais dans un contexte différent. S'ils se distinguent des plus âgés sur le plan des croyances, c'est qu'ils ont fait éruption sur la planète à un moment différent dans l'évolution de leur milieu sinon de l'humanité.

Inutile d'ajouter que mon parcours fut long et ardu, pénible par moments, mais combien exaltant. Non pas que je sois arrivé au terme de mon voyage, loin s'en faut – du moins je l'espère –, car j'en espère autant du parcours qui se dessine et se poursuit dans le temps ou dans l'Histoire que de l'itinéraire intérieur, le vrai celui-là, qui ne s'arrêtera peut-être pas après qu'on aura recueilli mon dernier souffle. À quiconque d'en juger ou plutôt d'y croire !

Je n'en finirai sans doute pas de débroussailler les effets néfastes d'avoir vécu deux vies en parallèle qui ne se croisaient presque jamais. La première inspirée par la Révélation venue d'ailleurs et par le dogme qui en est toujours son corollaire obligé ; la deuxième, tout orientée vers mon humanité de chair et de péché à laquelle les clercs m'avaient appris à résister, m'invitant à nourrir contre elle une aversion viscérale. La première, pour un certain temps plus intense et plus tenace que l'autre à cause de la peur et des pressions extérieures, avait tenu le rôle principal depuis ma naissance jusque tard dans ma vie d'adulte.

C'est à la deuxième vie pourtant que j'ai fini par adhérer et j'ai l'intention désormais d'y rester fidèle, parce qu'elle est la seule, au fond, qui soit digne de moi. On m'a incité au moyen de formules magiques et de pressions diverses à faire l'ange, et en enfant docile, bien qu'en ébullition intérieure constante, j'avais, contre mon gré, mis tous mes efforts à me conformer, jusqu'à ce que j'en arrive à me désincarner complètement.

Et c'est ainsi que j'ai fini par crier halte à une telle marginalisation de ma personne pour me retrouver en fin de vie ange déchu, mais fier et heureux de l'être, et convaincu plus que jamais qu'il est possible à un quidam d'accéder au bonheur avec ou sans Dieu, en vivant pleinement de son humanité et en fuyant autant que possible les propagandistes d'une spiritualité fondée sur des arguments d'autorité.

Dans les mots tracés par Luc Ferry, je tiens maintenant à me donner une spiritualité authentique débarrassée de ses oripeaux théologiques, enracinée en moi en tant qu'homme et non dans une représentation dogmatique de la divinité. Voilà le programme de vie que l'octogénaire franco-ontarien que je suis s'est enfin tracé, et dont il tente dans ces pages de relater les sources et les points saillants.

1

À VOL D'OISEAU

IL VA DE SOI QUE TOUS LES FRANCO-ONTARIENS ne s'interrogent pas sur l'existence. Le fait est que peu le font. La plupart s'en tiennent plus ou moins consciemment à leur identité culturelle qu'ils peinent à définir, la vivant au quotidien, certains la rejetant peu à peu au profit de l'Anglais et d'autres la chantant ou même livrant en son nom une guerre de survivance de tous les moments ou se prévalant des trois à la fois sans pour autant se remettre en question. Pourquoi m'est-il arrivé de ne pas suivre un chemin analogue ?

Il m'aura fallu toute une vie pour comprendre enfin que la genèse de mon questionnement sur mon identité et sur le sens de la vie était liée à la peur de vivre et la culpabilité engendrées par le dogme et l'idéologie religieuse catholique romaine qui avaient si fortement teinté mon enfance et contre lesquels je m'insurgeais à jet continu. Leur emprise sur moi, dont j'ai réussi à me déprendre sur le tard, fut également la résultante de mon hypersensibilité et des autres facteurs déjà mentionnés, savoir mon appartenance à la classe ouvrière et mon état de minoritaire franco-ontarien, deux conditions qu'à tort j'avais jugées quelque peu déshonorantes.

Comme tous les immigrants de culture minoritaire du monde, j'étais en exil en quelque sorte dans mon propre pays. Comme eux, j'avais compté sur des appuis externes tels que l'Église, Dieu et ce qui restait des caractéristiques de ma communauté originelle. J'avais ensuite mis tous mes efforts à me frayer un chemin respectable au sein de ma société d'accueil, celle de la majorité.

Aussitôt pénétré de cette vérité qu'il n'était pas normal d'errer ainsi sur les chemins de la vie en coupable apeuré, je décidai de mettre tout en œuvre pour reprendre mon droit de vivre mon humanité en toute liberté, dans l'honneur et dans l'enthousiasme, et de tenter de comprendre quelque chose à mon identité franco-ontarienne et à ma présence dans l'univers. J'étais curieux et fonceur de nature, ce qui m'éperonnait sans cesse et m'a permis enfin d'effectuer mon exode, je veux dire ma sortie de ce monde dogmatique créé et soutenu par une révélation divine en provenance d'ailleurs, pour enfin regagner le vrai monde dans lequel le sort m'avait plongé.

En effet, on nous avait fait venir en ce monde sans solliciter notre assentiment préalable. Étant donc entré dans la vie gratuitement et sans passeport, j'avais fini par conclure, mon manque de participation dans la décision initiale étant avéré, que je n'étais redevable qu'à moi-même de mes paroles et de mes actes. Si un créateur quelque part s'en offusquait, il n'avait qu'à me retourner d'où il m'avait tiré.

Autrement dit, j'étais soit le fruit du hasard ou l'effet de l'acte intelligent d'une force supérieure. Que ce fût l'un plutôt que l'autre qui l'emportât a fini par m'indifférer. Si on optait pour le premier, j'étais libre, une fois plongé (sans mon accord) dans la réalité du monde, de contrôler mon destin. Si par contre j'étais le produit d'une intervention divine, je revendiquais au bas mot qu'elle me laissât libre, d'une liberté sans entrave, c'est-à-dire du droit de lui dire oui ou non sans être châtié dans l'éventualité où j'opterais pour son rejet. Le contraire aurait fait de mon géniteur divin un être abominable.

L'ÉGLISE

Plus précisément encore, par mon baptême on avait fait de moi un chrétien d'obédience catholique romaine. Mon parrain et ma marraine, que je n'avais pas choisis, avaient promis que je le resterais toute ma vie. J'aurais pu naître baptiste, méthodiste, évangéliste, juif, témoin de Jéhovah ou musulman que les choses ne se seraient pas déroulées autrement. On était casé musulman, juif ou enfant de Dieu et de son Église avant même de distinguer la lumière du jour. Il en était de même pour ma dimension culturelle. Me voilà, en effet, membre de la communauté franco-ontarienne sans m'y être moi-même inscrit de propos délibéré.

La plupart d'entre nous, les Franco-Ontariens, étaient des personnes à la foi solide, du moins le croyions-nous, et à l'esprit de tolérance un peu étroit. Les catholiques romains se révélaient un peu plus sectaires que les autres chrétiens dits protestants, car nous de langue française de concert avec les Irlandais catholiques (qui n'aimaient pas pour la plupart que nous parlions français en leur présence) étions les seuls à posséder la vérité éternelle. Si ces derniers aussi étaient sauvés, c'était parce qu'ils étaient catholiques comme nous. Mais ils frôlaient l'hérésie puisqu'ils parlaient anglais, langue des protestants, et ils avaient un drôle d'accent quand ils récitaient les prières en latin. Nous disions entre nous avec beaucoup d'humilité que la chance nous souriait.

Mon enfance s'écoula de façon heureuse dans une petite ville du Nord ontarien. Nous parlions français tout le temps grâce à l'Église et à la petite école. Je vivais avec beaucoup d'intensité, assuré d'être chéri de Dieu. Insouciant, ricaneur et espiègle, muni d'une prodigieuse mémoire, j'accueillais la vie à bras ouverts, ne me doutant même pas qu'il puisse y avoir une vérité envisageable hors de mon Église et de mon milieu culturel.

Je revois la maison paternelle, bâtie de ses propres mains par mon père ; l'immense potager de la voisine récemment arrivée des vieux pays, rempli de patates, d'oignons, de laitues, de piments et de carottes que nous lui dérobions parfois en son absence, cependant que pour la modique somme de 10 sous qu'elle nous promettait, nous l'aidions, l'automne venu, à mettre ses légumes en boîte pour l'hiver.

Je passe également en revue mes frères et sœurs, cousins, cousines et les autres jeunes enfants du voisinage avec qui je gambadais dans les bois tout près de chez moi. Les images affluent aussi des nombreux lacs qui couronnaient la ville, ainsi que de la rivière qui la sillonnait, invitant à la pêche et à la baignade. Des images de l'école, de l'église, des saisons qui se succédaient, toutes prometteuses de plaisirs et d'émotions variés, l'hiver avec ses jeux et sports, ski, luge et patin sur la neige et sur la glace du lac Gillis, dans les rues même de la ville où ne circulaient alors que de bien rares Buick ou Ford «à coup de pied». C'était le Paradis.

Et puis un jour la réalité me rejoignit. Outre la présence gênante des anglophones dont je prenais de plus en plus conscience, survinrent les interdits à tout propos fusant de partout et les règlements. Dans un premier temps, d'instinct je les rejetai, et puis à la fin je finis par m'y conformer. Le paradis n'était pas sur terre. Notre lot c'était le péché, la honte, l'examen de conscience, la confession puis la peine. Saint Augustin tout pur avec ses *Confessions* et sa mère Monique en pleurs! «Bénissez-moi, mon père, parce que j'ai péché.» J'avais 10 ou peut-être 12 ans.

À mesure que je grandissais en âge et en sagesse, je devenais peu à peu enclin à rejeter ce que nos maîtres nous expliquaient pour justifier leur emprise sur nous. Je contestais l'idée que cette grâce particulière consentie par Dieu de nous faire naître catholiques romains soit gratuite. Quelque chose clochait pour moi dans cet octroi par les pouvoirs d'en haut d'une récompense que je n'avais ni sollicitée ni méritée. En conséquence, mon sens de la justice m'incitait à la révolte, à l'idée que la vie ne serait qu'une vaste loterie divisant le monde entre chanceux et perdants.

Mais afin d'éviter d'être traité d'apostat avec la traînée de conséquences sinistres que l'on claironnait dans ce temps-là du haut de la chaire à chaque dimanche que le Bon Dieu amenait, je dissimulais mes doutes, m'affublant de ce vernis de spiritualité orthodoxe engendrée de toutes pièces par l'Église et par mes parents. Une spiritualité superficielle selon l'impression que j'en avais la plupart du temps, peu propice à mieux nous conduire ou à grandir.

Plus tard, en effet, j'ai connu un grand nombre d'hommes d'affaires occupant les tout premiers bancs à l'église, fièrement endimanchés, assis dignement leur progéniture à la traîne en vrais parangons de vertu et de droiture et qui, dès le lendemain et tout au long de la semaine, trichaient, volaient, forniquaient et s'adonnaient à quantité de vices. Tous ayant la foi dans le milieu que je fréquentais, je leur emboîtais le pas en dépit de la conduite répréhensible de certains de ces notables de la paroisse qui me scandalisaient.

C'était la condition qu'on m'imposait, non seulement pour être modestement heureux sur cette terre, mais pour mériter de gagner le paradis à la fin de mes jours, en accumulant honneurs et richesses sur le dos des autres, ce qu'on permettait aux croyants de faire sans trop les incommoder, car il y avait toujours le confessionnal, la casuistique et les sophismes pour les sortir de leurs inconséquences.

Au terme de mes études, j'ai continué la pratique religieuse en bon chrétien, du bout des lèvres, en laissant toujours aux autres le plaisir d'occuper la scène. Si je me tenais loin des postes de grande visibilité dans l'église, préférant m'effacer et me retrancher dans les coulisses pendant que d'autres gagnaient ostentatoirement le premier banc par l'allée centrale à la grand-messe du dimanche, c'est que le contraire eût été pour moi de la fourberie eu égard à l'évolution de mes croyances. De toute façon, je n'avais jamais été exhibitionniste pour deux sous pour ce qui était de ma vie religieuse. Je n'étais pas mangeur de balustre. Quand on me demandait de proclamer publiquement ma foi dans le Christ, je ressentais un malaise vaguement conscient de ne partager la foi de charbonnier des autres que pour être bien vu et pour éviter les ennuis.

Ce n'est pas que je trouvais pénible de fréquenter l'église. J'aimais les cérémonies et l'église avait ses bons moments, comme ses activités de scout et de louveteau, ses jeux variés au sous-sol paroissial et ses distractions de toutes sortes. Je m'étais accommodé d'ailleurs de réalités plus inopportunes que l'Église et qui ne m'allaient pas davantage, comme le statut minoritaire canadien-français, ma minceur, mes grandes oreilles ou l'insistance de mon père à nous faire corder du bois en plein été au cœur de nos vacances scolaires.

L'habitude y était aussi, sans compter que pour un homme d'affaires ou pour l'homme professionnel que je rêvais d'être et suis devenu, c'était bon pour la clientèle d'être vu pratiquant sa foi car, par l'effet d'une naïveté commune à tous les gens de bien, l'on faisait davantage confiance au croyant qu'au mécréant. En raison de mon hypocrisie latente et de ma lâcheté, les ecclésiastiques me croyaient l'un des leurs à part entière. J'en éprouvais de la gêne.

C'est ainsi que j'ai fait partie du comité paroissial ; que j'ai donné également, sollicité par le curé, des cours de préparation au mariage en insistant sur l'abstinence avant le mariage après l'avoir moi-même ignorée ; que j'ai accepté même d'être décoré de l'Ordre de saint Grégoire-le-Grand par Son Excellence qui espérait ainsi m'embrigader dans sa campagne pour la préservation de l'école française catholique.

Mais en dépit de l'attitude conformiste que j'affichais et de mon comportement qui la reflétait, j'acceptais mal cette forme de coercition qu'exerçaient les clercs nous enjoignant de les écouter sous peine de faute grave. Leurs admonitions concernaient la nature de Dieu, l'interprétation des Écritures, la façon d'utiliser la raison que Dieu nous avait donnée. Bref leur emprise s'étendait à nos pensées les plus intimes. Tout cela m'irritait profondément et chatouillait mon goût de la fronde.

Si je me sentais agressé du fait qu'on envahisse ainsi ma personne pour me dicter le sens de ma propre vie – si elle en avait un –, je n'en parlais ouvertement à personne, croyant être le seul à craindre le naufrage si je m'éloignais trop des vérités révélées, ou à peu près le seul à croire qu'on me dépossédait alors de toute marge de manœuvre. À vrai dire, tout rebelle que j'étais, j'affichais rarement mes couleurs. En d'autres mots, si je résistais dans mon for intérieur et souvent avec force à toutes ces pressions, mon indépendance d'esprit ne se voyait pas. Non content de rester silencieux en présence des professeurs et des maîtres quand je me sentais en désaccord avec les résultats de leur réflexion théologique ainsi que d'autres (en provenance du Québec pour la plupart) plus audacieux que moi, de plus en plus nombreux d'ailleurs avec les ans, s'amusaient à le faire, parfois avec grande désinvolture, je contenais toute expression de désapprobation ou de cynisme dans mes paroles, dans mon regard même.

J'accusais un certain retard sur ces esprits indépendants à cause de l'ambiance familiale dans laquelle j'avais baigné et en raison d'une mère scrupuleuse, de la présence dans le décor d'un frère prêtre, de deux sœurs religieuses ainsi que de nombreux confrères et amis dans les ordres. Les pressions subtiles qui émanaient d'eux et d'elles dans ma communauté immédiate minoritaire inhibaient grandement ma croissance.

Je restai conscient, par contre, tout au long de mon adolescence et de ma vie de jeune adulte, que l'obéissance aux diktats des autres, des clercs surtout, dans le but de bien paraître, et la conformité en toute circonstance à ce qu'on attendait de moi avaient leur prix et leurs limites pour le rebelle que j'étais au plus profond de mon être. À toujours tricher et mentir, je perdais peu à peu l'estime de moi-même.

Et un bon jour, au début de la quarantaine, incapable de me dissimuler plus longtemps, je pris sur moi de répondre non à quelques-uns de mes proches qui me demandaient si j'étais croyant, conscient que ma réponse, comme la question, était ambiguë, à l'instar de celles de tant d'intervieweurs à l'écran: «Êtes-vous croyant, monsieur? Et vous, madame?» Être incroyant ou incroyante, selon moi, signifiait ceci et son contraire. Aussi ne cherchais-je pas à m'expliquer davantage avec eux.

Disons en gros qu'en me déclarant incroyant, il s'agissait de les informer tout simplement que je quittais enfin et ouvertement la croyance au Dieu particulier de ceux qui pratiquaient leur religion à la petite semaine, au Dieu Qui était réellement et historiquement descendu du ciel, Qui s'était fait chair, avait changé l'eau en vin, était ressuscité des morts et dont la mère était apparue à des enfants au Portugal, en France et en Yougoslavie. Je n'allais pas plus loin, de peur de les blesser, d'être marginalisé ou encore de m'emmêler les méninges. Autrement dit, le rebelle en moi y allait à petits pas, manquant toujours de courage ou d'audace, et je continuais de tergiverser et de me couvrir. Ou peut-être n'étais-je plus sûr de rien?

À mes propres yeux, je n'étais quand même pas tout à fait dépourvu de foi quand je me disais incroyant. Je n'amplifiais pas trop mes propos en espérant qu'ils comprennent le sens de mes aveux, qu'ils posent en principe que je ne rejetais pas le christianisme dans sa totalité ou du revers de la main. Non plus devaient-ils me prendre pour un misérable sans-Dieu. Je m'interrogeais, voilà tout, j'avais des doutes. Mais alors, des doutes sérieux sur toute la ligne et en particulier sur la légitimité de mon Église.

Au fond, je tenais toujours à mes principes judéo-chrétiens qui faisaient partie de mon ADN. Et ma croyance en un Dieu quelconque persistait, qu'elle vienne de la bible ou des temps anciens, de mes parents ou de mes éducateurs ou de la communauté franco-ontarienne à laquelle j'appartenais, ou même de mon intérieur. Je doutais profondément d'un grand nombre de vérités qu'on m'avait inculquées et je n'avais plus aucun penchant pour les conversations théologiques à n'en plus finir auxquelles on se livrait dans mon milieu, et qui finissaient toujours en queue de poisson. Le Christ était-il Dieu? Était-il vraiment présent dans toutes les parcelles de l'hostie? Avait-il ressuscité Lazare? Je veux dire véritablement ressuscité, après qu'il fût vraiment mort! À quelle sorte de résurrection le Christ s'était-il lui-même livré? Historique ou symbolique, cette résurrection?

François Varillon, un jésuite français de mon accointance et conférencier de grand renom, préférait la deuxième option, ce qui à l'époque m'étonnait grandement. Ou encore le Christ avait-il même existé? Marie était-elle vierge à la conception de Jésus? Oui, disaient encore les croyants, en expliquant qu'elle avait enfanté les frères et sœurs de Jésus après sa naissance à lui, ou encore en s'appuyant sur une interprétation sémantique plus ou moins douteuse voulant que des frères étaient en réalité des cousins en langue araméenne. Moïse n'était pas un personnage historique, enchaînait-on dans certains milieux.

Ces questions finissaient par me lasser. Elles n'avaient rien à voir avec mes besoins réels. Arguer de ma foi avec d'autres en des termes superficiels, pseudo-ésotériques, en était venu à constituer pour moi une perte de temps insupportable. D'un autre côté, ma curiosité était piquée au vif et ma matière grise s'activait de plus en plus. La table était mise.

Il faut dire qu'au départ j'étais plus un incroyant vis-à-vis des dogmes de mon Église que je ne l'étais à propos de Dieu, ce dernier étant, on peut s'entendre, un obstacle beaucoup plus difficile à abattre (ou à étreindre, le cas échéant) que les édits, les bulles papales et les articles de foi de l'Institution. Je sentais bien que me défaire de l'Institution en tout ou en partie représentait la partie facile de ma course vers la libération.

Dieu

Sans contredit, Dieu était une réalité beaucoup plus difficile à cerner que l'Église. Quand on était mal parti dans la vie, comme moi, on n'avait pas trop d'une vie entière pour Lui livrer bataille et toujours avec un succès mitigé. On finissait généralement par continuer d'avoir foi en plus grand que soi, par conserver une parcelle de ses croyances d'antan en les expliquant puis en les justifiant différemment.

S'il était d'abord question de l'Église quand on se mettait à penser par soi-même, c'est que la commande était relativement facile à livrer ; elle portait sur des notions moins fondamentales que la foi en Dieu, en bref sur des croyances largement fondées sur les forces sociologiques de l'heure. La foi en Dieu par contre exigeait davantage de se connaître avant d'aller au fond des choses.

En effet, avant d'aller de l'avant avec son combat biblique traditionnel avec l'ange, le chercheur devait fouiller son identité, celle qui restait quand il se défaisait de tout ce qu'on lui avait collé sur le dos, de tout ce qui ne faisait pas partie intégrante de lui. Bref, il lui incombait avant de s'en prendre à Dieu, de se pénétrer de sa véritable personne au plus profond de son être, une fois affranchi des affres de l'incertitude qu'engendraient son statut minoritaire et ses croyances mimétiques. C'est-à-dire qu'il lui appartenait de se dépouiller de tous les faux atours de cette religiosité préfabriquée par l'Église.

Je ne saisissais pas pleinement toute la portée de ce que je me disais quand je m'attardais ainsi à la question de mon identité. Après tout je n'étais ni philosophe, ni théologien, ni sociologue ni même psychologue. En plus, le sujet était d'une effroyable complexité, quasi indéchiffrable pour un profane. Je savais néanmoins que cette identité n'était pas faite que de gènes hérités des parents et des ancêtres; elle relevait aussi, sinon surtout, des leçons apprises à l'école de sa famille, des écoles plus structurées du primaire et du secondaire de son quartier, de son Église, sans compter l'influence encore plus déterminante des pressions irrésistibles de ses pairs. On avait fini par toutes les intérioriser, de sorte qu'on distinguait mal l'inné de l'appris. Je n'avais jamais pleinement compris la devise de mon année de Rhétorique: *devenir ce que l'on est.*

Le souvenir que je retiens de ces années troubles, c'est que je cherchais à me comprendre et à discerner dans mes rencontres avec les autres, des compatriotes franco-ontariens pour la plupart, y compris avec mes auteurs préférés, qui l'autre était, au-delà des croyances dont il se réclamait, et qui j'étais moi-même –, et en quoi consistait vraiment et en toute liberté (une rare commodité chez les humains) la foi que nous professions, eux et moi. Au-delà de ce qu'on avait toujours dit de moi: que j'étais un Canadien français ou plus tard un Franco-Ontarien, catholique, fils d'Aldémard et de Clarice, éduqué par les Jésuites, puis un jour devenu avocat et enfin magistrat,– qui étais-je vraiment sous la pelure?

En d'autres mots, mes proches, mes confrères, mes amis et moi avions-nous véritablement la foi ainsi qu'on le prétendait? Si oui, quelle sorte de foi était-ce? Cette opinion appelée foi que nous professions venait-elle uniquement de notre Église et de notre milieu de vie ou l'avions-nous développée en toute liberté après qu'elle nous fut assénée dans l'âme lors de notre baptême et par la suite au contact de notre société d'appartenance? Dans une certaine mesure du moins, par nos propres efforts, et compte tenu de nos expériences?

Toutes questions auxquelles il n'existait pas de réponses faciles pour les croyants que nous avions été et étions toujours un peu malgré nous, tout comme pour les athées d'ailleurs ainsi que je l'appris plus tard: on aurait dit qu'ils étaient rares, ceux capables de dire non à Dieu. On doutait de Lui, on ne savait pas au juste qui Il était, mais on refusait de Le défier. En tout cas et pour tout dire, l'objet réel de cette foi qui restait malgré tout ancrée en nous, m'échappait.

Je parle ici des athées parce que les plus invétérés d'entre eux – ils étaient rares chez nous mais j'en connaissais quelques-uns – se fourvoyaient quand on demandait d'étaler noir sur blanc leurs convictions profondes. Même quand ils ne marchaient plus au radar d'une quelconque Église ou d'une idéologie en dehors des religions instituées, on aurait dit qu'ils n'échappaient jamais complètement à Dieu toujours présent dans les non-dits ou entre les lignes, dans le temps même qu'ils Le niaient ou professaient tout simplement de ne pas savoir. Des relents de leur éducation première perçaient souvent leurs argumentaires.

Mais revenant à ma propre problématique du sens et de Dieu, j'ai tôt réalisé que mon audace et ma ténacité conjuguées à la solitude que j'avais jugé nécessaire de m'imposer pour mieux analyser mes croyances, me pesaient de plus en plus et me déstabilisaient en présentant des questions auxquelles j'éprouvais de la difficulté à répondre. Comment apprendre à m'orienter dans un monde non catholique, non chrétien peut-être ou même athée, qui me sollicitait? S'il advenait que je perde ma foi, allais-je continuer d'œuvrer dans les mêmes mouvements caritatifs? Et qu'en serait-il des motifs et de la manière? Au nom de quel principe défendre la veuve et l'orphelin? En fait, quel serait le fondement de ma vie morale? J'aurais besoin de nouveaux repères, d'un changement radical autant dans les grandes orientations de ma vie et dans mes activités quotidiennes que dans les principes qui les fondaient. Ma communauté franco-ontarienne me verrait-elle du même œil? Jusqu'où ma langue et ma culture me permettaient-elles de me singulariser?

Pour bien apprécier le sens de mon propos, il faut se placer dans le contexte de ces années-là. La contestation sous quelque forme qu'elle se présentât, à plus forte raison le doute radical quant à l'existence de Dieu, était mal vue chez les miens, éloignés des grands centres. L'éthique bourgeoise primait, on valorisait le travail acharné, tout le monde ou presque avait «la foi». Bref tout le monde croyait en Dieu.

Personne sauf les grands penseurs ou les forts en tempérament, dont je n'étais pas, n'avait le droit, surtout dans la petite localité où j'évoluais, de mettre en doute l'existence de Dieu. Si on se questionnait parfois sur les nombreux dogmes que l'Église avait promulgués au fil des conciles, certains plus farfelus que d'autres, il n'était pas de bon aloi de s'en prendre à Dieu. Dès qu'il s'agissait de Lui, la véritable liberté de penser restait pour moi, comme pour la multitude de gens de mon entourage, lettre morte.

MES INTERLOCUTEURS

Je me permettais quand même de consulter sur papier et en catimini un certain nombre d'intellectuels. Au premier rang de ceux-là, les grands noms de l'histoire de la littérature et de la pensée philosophique du 18e ou du 19e siècle, les Feuerbach, Nietzsche, Freud, Hegel, Marx et compagnie, les philosophes des Lumières, tous ceux qu'on avait mis à l'index au cours de mes études classiques. Non pas que je saisissais pleinement tout ce que ces pourfendeurs de Dieu et de l'Église cherchaient à m'apprendre. Ce que je ne comprenais pas, je le devinais ou le sentais.

À leur contact, je me rendais compte que ma foi en Dieu s'amenuisait peu à peu. Ces grands esprits étaient allés au fond des choses, acquérant par là une espèce d'autorité morale leur permettant non seulement de s'affirmer, mais d'être écoutés sinon suivis, en tout ou en partie. Aussi leur influence sur moi allait-elle toujours grandissant. Je les enviais tout en insistant, auprès de certains intimes à qui je me confiais, sur ma conviction que je n'allais pas suivre ces maîtres à penser dans leur négation de l'existence de Dieu. Je ne les consultais que pour mieux alimenter mes propres questionnements et en provoquer de nouveaux.

Ils m'étaient nécessaires, ces gourous des temps passés, tellement j'ignorais la véritable histoire de Dieu et de son Église. Non plus avais-je fourbi mes armes suffisamment pour me permettre d'affronter seul des forces aussi intimidantes que Dieu, son Église ainsi que les convictions religieuses profondes des personnes de mon entourage. Toute une force de frappe arrimée contre moi! J'avais besoin de support. Surtout que je ne détenais aucun brevet particulier en philosophie ou en théologie pour penser par moi-même. Il fallait que je m'appuie sur ces géants de l'histoire ou sur d'autres de leur trempe. Car, même si c'était hasardeux en matière de foi en Dieu de me profiler ainsi à contre-courant en leur compagnie, je trouvais indigne de ma nature humaine libre et singulière de suivre le courant sans résistance.

D'un autre côté encore, ne vivant pas en vase clos, la caution de quelques «personnes ordinaires» de mon milieu m'était requise. Pour passer outre aux façons de penser courantes ou aux idées convenues dans mon entourage franco-ontarien où je faisais figure d'élite, il me fallait avoir accès, à la limite et en plus des grands de l'histoire, à des intimes plus près de moi avec qui je pouvais être en communion de sentiments, qui n'étaient pas des iconoclastes comme ces auteurs des siècles passés et donc qui méritaient le respect de la population en général, de mes amis et de mes proches; à quelqu'un ou quelques-uns devant qui je pouvais exposer un peu plus candidement mes idées telles qu'elles s'imposaient à mon esprit.

Je pouvais me prêter à ce jeu devant n'importe qui, en fait, qu'il fût intime ou non, ma préférence allant aux membres de ma famille franco-ontarienne qui incluait le Québécois vivant en bordure de ma province comme au Témiscamingue, en Abitibi, à Gatineau ou dans les Laurentides – afin de rejoindre des âmes sœurs pour m'assurer justement que je n'étais pas seul dans ma communauté à penser tout de travers. Question aussi de me faire féliciter pour mes exploits de mécréant et de partager mon excitation et mon nouveau bonheur avec eux, ou tout simplement de meubler cette solitude malsaine qui contrariait tant ma disposition naturellement sociale, et du même coup conjurer l'angoisse qui allait de pair avec elle. Comment, en effet, me définir en la seule compagnie d'intellectuels disparus que ne fréquentaient pas les miens?

De tout temps l'on privilégiait la solidarité avec les partisans d'une même foi. Question de familiarité et de sécurité aussi. Pour le dire autrement, je me défaisais tout de go des liens qui m'unissaient à mon entourage à mes risques et périls. Mais alors que j'avais un grand besoin d'approbation, les amis prêts à me suivre dans ma nouvelle aventure étaient rares.

Ma religion avait aliéné tout mon monde en insistant sur une approche cérébrale des questions du sens de la vie. Faute d'avoir relié le sens de la vie appris par cœur à l'église, à l'école et dans la famille et faute de l'avoir intégré à mon travail, à mon quotidien, à mes rencontres, à toutes mes activités de l'âme et du corps, à mon huma-nité pour tout dire, à ma chair autant qu'à mon esprit, je m'étais gardé figé en marge de l'histoire, prisonnier des dogmes de mon Église.

Je m'étais divisé en compartiments étanches et imperméables: la foi d'un côté menant tout droit au paradis et la vie obligée sur terre de l'autre; le corps d'un bord et l'âme de l'autre, bien qu'on prétendît qu'ils ne faisaient qu'un. Moi et ma religion d'un côté et, de l'autre, moi et mon humanité avec son cortège d'attraits et sa grande complexité. Or j'avais négligé mon corps, c'est-à-dire le substrat incontournable de mon humanité, au profit de mon âme seule. Ça jurait pour moi depuis longtemps. J'avais besoin d'imposer des correctifs.

Vu de l'extérieur, je continuais néanmoins de vivre ma vie comme si rien ne se passait à l'intérieur. J'agissais en conformité avec les préceptes de l'Église catholique, que la plupart de mes proches et amis suivaient eux-mêmes aveuglément. Au fond, je ne trouvais personne vers qui me tourner pour partager mes états d'âme – la foi en Dieu étant un sujet qu'on hésitait à aborder autour de moi – sauf un vieux confrère, d'une sagacité peu ordinaire, que je nommerai Claude pour n'avoir pas à l'identifier.

Il fut d'abord un grand croyant au sens classique du terme. J'avais entretenu avec lui des liens d'amitié au temps de mes années de collège. Nos contacts s'étaient multipliés par la suite jusqu'à son passage à l'autre vie, ou jusqu'à son passage tout court, si l'autre vie ne s'avérait pas. C'était un clerc franco-ontarien dont l'occupation au sein de l'Église francophone lui avait permis d'éviter la prostitution : un francophone pure laine exerçant, dans un des rares milieux francophones qui subsistaient encore dans la province, à part entière ou presque.

Étant un fonctionnaire de Dieu, il était plutôt biaisé, cela je le concédais et le lui pardonnais, et par conséquent je ne le consultais dans les premiers temps que très rarement. Mais lui aussi, à ma grande surprise, s'était fait questionneur un bon jour. Je m'en étais réjoui, car j'avais besoin d'un interlocuteur de taille qui ne craignait pas de s'aventurer sur de nouveaux sentiers. Nous reviendrons à lui plus tard.

Petite précision : par Claude, je désigne en même temps tous les interlocuteurs honnêtes et dégagés – ils ne furent pas nombreux – qui ont provoqué une discussion franche et sérieuse avec moi sur les grands enjeux de la vie, et qui ont piqué ma curiosité et m'ont invité à l'aveu de mes doutes et de mon impiété. J'en ai connu quelques-uns de ces Claude qui, à diverses étapes de mon pèlerinage sur cette terre, m'ont aidé à poursuivre ma marche. Ils furent en grande partie, comme par l'effet du hasard et de la conjoncture historique, membres du clergé ou d'un ordre religieux quelconque, et tous ont été des Franco-Ontariens avec qui je me sentais en confiance et en complicité.

Ils m'ont aidé par leur seule présence pour avoir été là à des moments cruciaux de mes questionnements. Ces compagnons de voyage avec qui j'eus de nombreux entretiens sur la loi naturelle, sur les causes premières, l'Église, les fins dernières et l'existence de Dieu, la vie sous toutes ses formes, la langue et la culture, sont presque tous disparus. Je leur en suis reconnaissant à titre posthume (leur « humus » et non le mien, pour l'instant). Ils se débrouilleront avec mes accès de gratitude que je leur communique sur le tard.

Seul avec moi-même

Faute de complices, donc – autres que les Claude qui presque tous finirent par partir pour « les pays d'en haut » – et pour satisfaire mon besoin de sortir davantage du carcan de mes croyances religieuses désuètes tout en rompant ma solitude, je décidai d'avoir recours à un subterfuge, c'est-à-dire : l'écriture. Cela ne saurait surprendre les auteurs du monde qui savent et qui le confessent, que celui qui s'adonne à l'écriture n'est jamais seul, même si paradoxalement il se doit de fuir la vie sociale pour réfléchir un tant soit peu. Je me mis donc à consigner toutes mes pensées et réflexions sur papier.

Cela m'arrangeait aussi de me dissimuler derrière l'écrit (qu'il aboutisse ou non à la publication), seul avec mes questions, mes doutes et mes verrues. Je tenais à ce que la première partie du voyage consiste à épurer mes idées sans que mes proches ne m'interrompent ou ne s'interposent pour s'objecter à ma témérité ou mon arrogance.

Or seul à taper sur le clavier, en l'absence de quelqu'un avec qui échanger au jour le jour mes sentiments et mes idées, en dépit de l'intensification de mes lectures, mon inspiration tarissait. Ma recherche de Dieu et du sens de ma vie faisait du surplace. Et je devinais pourquoi. Ma recherche était trop intellectuelle pour mes humbles moyens. Je ne savais plus si je posais les bonnes questions. Et même si les questions que je posais allaient au cœur des choses, comment les ramener à leur plus simple expression sans tomber dans la simplicité naïve ? Ou comment parvenir à une unité sans rien escamoter, sans me perdre enfin dans des jeux qui fraternisaient avec l'approximation et la rationalisation, et qui avaient si peu à voir avec la réalité de Dieu et surtout la mienne et celle du monde ?

Prisonnier de mon approche intellectuelle qui restreignait le champ de ma recherche, je me persuadais peu à peu, à force de lire, de penser et d'observer les comportements des uns et des autres sur la planète, qu'on ne pouvait arriver à Dieu par la seule théologie ainsi qu'on l'avait prétendu au séminaire, ni même par la philosophie. On avait beau s'être acharné à étudier la logique, les théories de la connaissance ou la théodicée pour acquérir toutes sortes de notions qui ne collaient pas à sa réalité, on ne s'était aucunement rapproché de Dieu ou des questions liées à son inexistence.

Je ne devais pas me préoccuper d'un échafaudage intellectuel ou d'un plan directeur pour orienter ma pensée. Cela pouvait convenir aux vrais comme aux pseudo-penseurs, sans doute plus aux premiers. Mais le chercheur novice, comme moi, constamment distrait par les pressions du milieu et par son éducation première, se devait de miser moins sur la pensée philosophique ou théologique structurée et davantage sur la spontanéité et la liberté intérieure.

Je ne marquerais jamais un progrès réel sans emprunter un parcours inédit loin des syllogismes et axé, d'une part, sur le souci constant de me regarder, de m'écouter et, d'autre part, sur mon appréciation de mon milieu et l'opinion de mes amis et connaissances à ce propos. Bien sûr, je ne devais pas me laisser bousculer comme avant sur ma capacité de raisonner. Bref, il m'appartenait de m'installer à deux pieds joints dans ma réalité et celle de ma collectivité, puis de me laisser guider par ma voix intérieure, exerçant le peu de liberté que les pressions environnantes me concédaient.

Quelle folie me poussait vers une semblable aventure à mon âge ? Je me le demandais sans répit. Pourquoi me compliquer la vie ? Je m'entendais sans cesse dire : *Tu n'es justement pas un philosophe, vieille tête grise, ni un théologien, ni un historien, ni un exégète ni un érudit en aucun domaine sauf celui du droit, qui est ton gagne-pain. Dans son exercice et même son cadre théorique, on ne peut certes pas dire que le droit se distingue par la richesse de sa spiritualité ou qu'il prépare bien son sujet à une quête de Dieu. De quelle utilité peut-il être ? Et voilà que tu te lances sur ce terrain miné de Dieu et du sens de ta vie communément réservé aux sommités tant laïques que religieuses.* Et j'ajoutais parfois, dans mon murmure interne : *Laisse le champ libre à ceux qui s'y connaissent en la matière en t'en tenant à ceux qui te conforteront dans ta foi d'antan. Il se fait tard, garde ta liberté pour autre chose. Peu te chaut qu'ils te répètent les mêmes leçons, les mêmes vieilles rengaines sous les apparences d'un langage de la modernité. Tu refuseras d'entendre en ton for intérieur ce qui ne te convient plus et tu te débrouilleras avec ce qui restera. Ou encore, tu écouteras avec attention et soumission – et tu liras leurs écrits – tous ces grands penseurs religieux tradi-*

tionnels comme tu faisais dans le temps où tout-petit, la hiérarchie romaine t'indiquait la route. Et surtout, tu ne te radicaliseras pas. Le péché d'orgueil te guette. Qu'as-tu à perdre à garder la foi? Pense à Pascal. Manifeste l'accord et tu t'en porteras mieux. Tout est si facile quand d'autres te conduisent par la main, avec au bout du périple la promesse du bonheur éternel, même si le prix à payer pour ainsi faire la marionnette te semble si coûteux. Il faut le demander aux kamikazes que leur dieu attend avec impatience de l'autre côté pour les récompenser de leurs actes sanguinaires. Une telle vue de l'éternité simplifie singulièrement la réponse au pourquoi de l'existence comme celle des martyrs des premiers temps de l'Église. Ce ne sont sûrement pas les modèles que tu veux suivre. Mais sans aller jusque-là, ta vie était lisse avant, tu t'en souviens: comme une peau de bébé satinée, comme l'eau paresseuse de la rivière qui ondoie, libre des heurts et des vicissitudes qui t'assaillent maintenant. Tu aurais même pu être kamikaze autrefois, avoue-le, tels les premiers martyrs, torture en moins, comme Tarcisius de Rome de la pièce montée au sous-sol de l'église par les sœurs. Te souviens-tu du jeune martyr de huit ans des premiers temps de l'Église qui allait distribuer la communion dans les catacombes? Les hosties qu'il tenait sur son cœur avaient par miracle pénétré sa poitrine pour échapper aux méchants profanateurs qui le pourchassaient.

Comme un enfant, comme ces *born again* américains, ou ces Canadiens fraîchement convertis de plus en plus nombreux, qui se laissent guider par des slogans qui les dispensent de penser, ai-je vraiment été si différent dans ma vie antérieure de ces intégristes de tout acabit que j'accusais incessamment de s'être laissé laver le cerveau? Comme eux, j'adoptais l'itinéraire tracé par d'autres, plus malins que moi. Je détruisais, en le suivant, le seul bien qui m'appartenait en propre et qui me définissait: ma liberté, ou le peu qu'il m'en restait. Par conséquent, je compromettais mon identité, mon existence même. Si je n'étais pas libre, je n'étais rien du tout.

À mon grand désarroi, en matière de Dieu et du sens de la vie sinon d'appartenance à l'Église, on m'avait réduit au rang de l'homme esclave de ses habitudes: j'étais né pour manger, avoir mes mouvements réguliers, travailler, jouer une partie de golf occasionnelle et gagner le Ciel fermé par Dieu au moment de la pomme dans l'arbre et rouvert par un Messie crucifié.

Une chose était pourtant claire: je ne me livrerais jamais plus à des compromis. Je m'efforcerais d'être conscient de tous les instants de vie qui m'étaient donnés, de les vivre conformément à mes désirs, à mes sentiments, à mes émotions et à mes idées, sans égard obligé aux vues et visées des autres, même si cela devait me mener au rejet complet de mon Église et même de Dieu. Si ma recherche d'authenticité ou de vérité me conduisait à renier Dieu en plus de mon Église, ce n'était ni ma réorientation ni la nature humaine qui étaient à revoir, mais cette notion même de Dieu que mes parents et mon Église m'avaient inculquée à coup de semonces et de prières.

Voilà donc un survol des divers états d'âme qui, au départ et par la suite, m'ont incité à m'engager dans la quête de Dieu, c'est-à-dire d'un sens à l'existence. Une entreprise périlleuse, sinon dérisoire s'il en était, puisque j'acceptais d'emblée qu'elle puisse finir en queue de poisson. Je m'élançais sans savoir si mon parachute allait s'ouvrir. Trop de meurtrissures peut-être pour mener à bien mon projet de vie? On verrait bien.

Fourrageons maintenant dans les recoins de mon histoire au gré de mes expériences, sans chronologie particulière, et ravivons les souvenirs qu'elle recèle, pour mieux comprendre l'état présent de mes croyances et de mes principes de vie; pour saisir du coup le pourquoi de mes tendances à épouser la gauche en matière sociale et politique; pour m'expliquer enfin cette propension qui m'accompagne depuis toujours à promouvoir autant, sinon plus que la plupart de mes compatriotes franco-ontariens, non seulement le besoin des individus de se libérer sans brimer les autres, ce qui fait l'unanimité chez les gens bien tournés, mais aussi le même besoin des collectivités dont celles du Québécois et du Franco-Ontarien, d'exister et de s'affirmer. Même si le sort que réserve l'avenir au deuxième sinon au premier est à tout le moins problématique dans la réalité d'aujourd'hui. En effet, les données statistiques quant à la survivance des nôtres ne sont guère réconfortantes…

2

Le Franco-Ontarien
(Solution hybride)

M E VOILÀ DONC ENCORE UNE FOIS (voir *Le Franco-Ontarien : Une histoire de prostitution*) à traiter un sujet qui m'est cher, celui du Franco-Ontarien à qui je dois, autant qu'à la configuration génétique de ma personnalité, mon grand souci de m'interroger sur mon identité, mon Église, mon Dieu et le sens de ma vie. Mais si cette appartenance culturelle largement me case, elle demeure un accident de l'histoire. Non pas qu'elle soit un accessoire dans la constitution de ma personne sans cesse en devenir, bien au contraire. Elle ne fait, par contre, en rien partie de la définition essentielle de la nature humaine, tout court. Il faut aller au-delà de l'appartenance culturelle si on tient à dégager les principes universels rêvés sur lesquels asseoir son comportement d'être humain.

Ma participation à la culture franco-ontarienne a joué un grand rôle dans ma vie, même si j'ai fait l'impossible par moments pour la masquer. Compte tenu de mon nom et de ma maîtrise de l'anglais, j'ai rêvé tout jeune de parler anglais sans accent (le côté sombre de la culture minoritaire canadienne-française), pour cacher mes origines ressenties comme honteuses. Je me suis même prêté parfois à un petit jeu de cachotterie qui consistait à feindre, dans mes rapports avec certains anglophones étrangers qui ne connaissaient pas mes racines, que j'étais Anglais, éprouvant un certain plaisir à jouer ce jeu qui confondait presque toujours mes interlocuteurs. Cependant, après mes études, j'ai affiché ma différence culturelle avec fierté. J'en faisais la promotion de façon continue, car j'en étais heureux et fier. Je la vantais, me mettais à son service. Je m'en nourrissais sans toutefois lui subordonner toutes mes activités et mes pensées, sinon elle risquait de devenir idéologique et dogmatique. Je me voyais plutôt comme un « bon nationaliste », un titre qui me seyait et que je m'attribuais sans ambages, sauf en compagnie des Anglais.

Bref, j'étais un Franco-Ontarien pour qui la langue et la culture formaient les idées et les actions tout en restant de simples véhicules qui se modulaient et se modifiaient au contact de la culture majoritaire ambiante, ne méritant jamais que je leur sacrifie mes valeurs humaines fondamentales. Je tenais à n'être pas perçu comme un radical prêt à tout pour survivre. Au fond, autant l'avouer, je brûlais toujours du désir de me fondre dans la majorité ou du moins d'être accepté par elle, tout en me réservant un petit coin franco-ontarien au fond de l'âme. J'apprendrais au fil des ans que j'en éprouvais du ressentiment.

Mon père est né en Gaspésie, son père était pêcheur. Sa mère, toute menue, pimpante et haute comme trois pommes, avec 21 couches à son crédit, était originaire de Notre-Dame-de-la-Salette en Haute-Gatineau, au nord de la capitale du pays. Ma mère est née en milieu rural à Verner en Ontario, à quelque 60 kilomètres de Sudbury, ville du nickel.

Les Canadiens français en provenance des côtes gaspésiennes, du Bas du Fleuve, des Escoumins sur l'autre rive, de la région de Buckingham, de Saint-André-Avellin, de l'Abitibi, du Témiscamingue et d'autres endroits ailleurs au Québec s'étaient rués en grand nombre vers Sudbury, Cobalt puis le Porcupine en quête de travail dans les mines de nickel, d'or et d'argent. Mon grand-père et par conséquent mon père furent de la mêlée.

Quand j'étais petit, les amis à la tonne fourmillant dans les parages étaient tous francophones : les Gosselin, Giroux, Levesque, Lamarche, Goudreault, Bisson, Cloutier, Savard, Carbonneau, Hamelin, Martin, Chartrand, Rochefort, Michaud et j'en passe ; que Dieu et mes amis d'enfance non mentionnés me le pardonnent ! Ils étaient tous issus de parents ou de grands-parents venant du Québec.

La population de ma ville comptait aussi plusieurs nationalités européennes dont l'italienne, la finlandaise, la polonaise, la croate et l'ukrainienne. Leurs ressortissants ne parlant pas le français ne faisaient pas partie de notre garde rapprochée. L'école était strictement de langue française, comme l'église. Nous chantions *Alouette, n'aie pas peur de moi* de L.-R. Beaudry, *Fête nationale* d'Octave Crémazie (« Il est sur le sol d'Amérique / Un doux pays aimé des cieux ») et *Sur les bords du Saint-Laurent*. Aussi apprenions-nous par cœur le Règlement XVII, encore frais dans la mémoire collective, *There'll Always Be an England*. On comprenait cependant mal pourquoi l'Angleterre devait être éternelle.

En berçant mes deux petites sœurs après le chapelet du soir les jours du Seigneur ou debout en compagnie de mes oncles aux fêtes du jour de l'An le whisky blanc à la main, mon père chantait des rengaines qui parlaient de chevaux, de cordeaux, de chantiers et de bonnes bines du Lac-Saint-Jean. D'autres refrains tournaient autour des capitaines, des matelots et des sabots, assortis de ritournelles enlevantes, des « dondaine » et des « dondé ». Nous chantions, en somme, la vie rurale des Canadiens avec leurs chantiers l'hiver et les lieux d'où ils étaient partis : Saint-Malo, la Bretagne, la Normandie, l'Alsace, le Poitou et bien d'autres.

Puis le temps était venu de fréquenter les grandes écoles. Le Sudbury des Jésuites fut le choix de mes parents ou plutôt du curé de la paroisse, qui pressentait chez moi une vocation. Suivirent les années de pensionnat émouvantes et bien remplies (l'oisiveté était la mère de tous les vices), pour entreprendre et puis finir le cours dit classique. C'est alors que nous devenions véritablement des Canadiens français dans l'âme. Les pères étaient presque tous du Québec. Seuls trois d'entre eux étaient nés dans la banlieue de Sudbury : Guillaume Belcourt, Hector Bertrand et Albert Regimbal, du réputé Centre des jeunes de Sudbury.

Mens sana in corpore sano, disait l'une de leurs devises. Sans autre incitatif que les joies de l'activité ludique, nous nous lancions à fond de train dans la balle au mur, la nage dans l'étang, le tennis, la ballemolle, la balle au camp ou le hockey, le ballon-panier (basketball), même lacrosse, le sport des Indiens. Ou encore, nous nous exercions pour les compétitions de piste et pelouse à l'occasion de la fête de Dollard (maintenant Journée nationale des patriotes), sous la direction de Bernard Bourassa, fils d'Henri. Tous les sports y étaient en vedette, y compris le trapèze, le billard, le ping-pong et les quilles.

On nous préparait à être les chefs de file de la nation canadiennefrançaise et à cette fin, on nous inculquait autant le besoin d'une santé physique débordante que les éléments de la grammaire et de la syntaxe, en recourant également au latin de Cicéron et de Virgile, et au grec de Xénophon. Les séances de classe, les pièces de théâtre (*Jeanne d'Arc, Le pauvre sous l'escalier* et *Polyeucte*), les débats et le Parlement modèle nous initiaient à la parole publique et nous préparaient à jouer un rôle clé dans la société.

Toute une année était consacrée aux Belles-Lettres en compagnie de Ronsard, Rabelais, Villon et des grands classiques comme Jean de La Fontaine, Racine, Corneille, Molière et Boileau, puis des romantiques tels Chateaubriand, Hugo et Lamartine, sans oublier nos premiers auteurs chantres du milieu rural canadien, Louis Hémon et Germaine Guèvremont, de même que les auteurs modernes français et québécois – modernes d'alors, cela va de soi.

La Rhétorique nous plongeait dans l'Histoire du Canada et de la France avec une courte incursion dans la noble Albion, chez Chaucer, le groupe des Lake Poets, ainsi qu'Oliver et Thomas Cromwell et la dynastie des Stuart. Pour coiffer le tout, on nous initiait aux sciences (physique et chimie), nous enseignait la mathématique avancée et la philosophie du temps, le tout menant à l'octroi du diplôme de bachelier ès arts conféré par l'Université Laval à Québec.

Bref, au terme de ces études, j'étais devenu un Canadien français dans toute la force de l'expression, membre de l'élite canadienne-française avec résidence en Ontario, alors que bon nombre de mes copains de la petite école ayant fréquenté le *high school* anglais (l'école publique française étant venue plus tard) avaient échoué à la 10e année et s'étaient lancés dans l'acculturation (soumission à l'Anglais) par les mariages exogames et une entrée hâtive sur le marché du travail régi par la majorité anglophone, quitte à reprendre les études plus tard (certains d'entre eux seulement).

Les résidents du Québec, héritiers du Bas-Canada, forts du maintien de leurs institutions par l'Acte de Québec (1774), don généreux du vainqueur (empoisonné selon plusieurs historiens), s'étaient pris en main après le décès de Maurice Le Noblet Duplessis, devenant des Québécois.

Le Canada français hors Québec s'était éparpillé et regroupé en îlots modestes à la remorque des paroisses françaises ou bilingues un peu partout au pays, cédant donc la place au Franco-Ontarien, au Franco-Manitobain, au Fransaskois et à l'Acadien. Nous étions les *cadavres chauds*, comme Jacques Beauchemin nous avait nommés. L'expression était méprisante. D'où notre ressentiment généralisé (mêlé d'amour) contre le Québec. Pendant ce temps, l'Église catholique reculait, semant le désarroi culturel dans toutes les communautés isolées hors Québec.

L'acculturation massive de ces minorités de plus en plus fragilisées était perceptible à l'œil nu, sans le besoin de recourir aux statistiques officielles. S'ils tenaient à survivre – méritant par là la palme du courage et de l'optimisme –, les francophones hors Québec sollicités de toutes parts par la culture anglaise éprouvaient de sérieux problèmes culturels et linguistiques en dépit des nombreuses institutions qu'on avait mises en place pour les desservir. Aussi faisait-on appel de moins en moins aux services juridiques et aux services de santé en langue française arrachés à la gouvernance majoritaire et on parlait anglais dans les cours des écoles françaises.

Après avoir gagné d'épiques batailles contre le Règlement XVII, contre les Mgr Fallon et autres ténors de la majorité anglophone ontarienne appuyée par certains politiciens véreux de l'époque, contre le curé français de Lafontaine déclarant la guerre aux francophones de sa paroisse ou contre le gouvernement Harris pour la préservation de l'hôpital Montfort, un grand nombre de mes concitoyens franco-ontariens, davantage encore parmi les plus jeunes, étaient culturellement à la dérive. Je l'étais moi-même, résistant à grand-peine, bien que mieux outillé que d'autres pour répondre à la menace, aux forces démographiques et sociologiques qui dévastaient les effectifs.

Nous reviendrons tout à l'heure à la place qu'avait occupée l'Église dans la francophonie ontarienne. Pour l'instant, Église ou non, nous demeurions tous des Franco-Ontariens, sans que jamais personne ne soit parvenu à formuler une définition satisfaisante de la « nation », et nous le demeurerions, peu importe notre degré d'assimilation allant jusqu'à la perte totale de notre identité. Comme les Acadiens vivant à l'étranger en milieu anglophone : Acadiens pour toujours lors des retrouvailles, même quand ils ne parlaient plus un traître mot de français. C'était le milieu qui m'avait vu naître puis grandir, le milieu qui m'avait modelé. La langue que nous parlions était celle qui la première nous avait enseigné ce qu'il fallait désirer, croire ou espérer.

Quand les Franco-Ontariens de ma génération se rencontraient, surtout ceux du Nord et des régions éloignées d'Ottawa, sans exclure les résidents de la capitale, ils se reconnaissaient et avaient beaucoup à se raconter, qu'ils aient vécu et œuvré à Kirkland Lake, Timmins,

Chapleau, North Bay, Sudbury, Hearst, Kapuskasing, Welland, Cornwall, Georgetown, L'Orignal, Hawkesbury, Ottawa ou même Toronto. Tous étaient de ma famille, advienne que pourra. Ils le sont toujours. Un peu comme les Catalans français à Perpignan ou les Basques français de Bayonne et des alentours, ou encore comme les Écossais des îles Britanniques le sont entre eux.

Le Franco-Ontarien accusait des différences autres que son degré d'acculturation selon qu'il habitait Ottawa ou ailleurs en province. Venant du Nord, nous étions plus minoritaires que nos compatriotes de la capitale qui cherchaient et trouvaient appui auprès des effectifs linguistiques et culturels en provenance de Hull et de Gatineau de l'autre côté de la rivière des Outaouais ou auprès de la population rurale de l'Est ontarien : Saint-Isidore, Curran, Plantagenet, Alfred, Casselman, Bourget, jusqu'à Hawkesbury en passant par L'Orignal et Lefaivre. Nous des régions plus au nord de la province, étions davantage à la merci de l'Anglais qui nous procurait nos chances d'avancement, donc plus prompts à lui lécher les bottes afin d'être élus au conseil municipal. Il en résultait que les Franco-Ontariens d'Ottawa, dans l'ensemble plus sûrs d'eux-mêmes, nous regardaient de haut et étaient plus tranchés dans leur discours à l'encontre du Québécois qui voulait son pays.

L'indépendantiste pour plusieurs d'entre eux n'était qu'un vil petit nationaliste qui ne comprenait rien à la vraie liberté et à l'ouverture sur le monde, relayant ainsi la pensée de Pierre Elliott Trudeau, le citoyen du monde et ancien élève de Lord Acton, ennemi juré de tous les nationalismes – sauf celui de l'Anglais, je suppose. Leur mépris du souverainisme qu'ils jugeaient dogmatique était lui-même érigé en dogme.

D'autres différences, à peine perceptibles celles-là, faisaient surface entre ceux qui avaient fréquenté l'Université d'Ottawa, une institution qui se disait bilingue, donc plus moderne et dégagée selon eux, et les élèves sortis du Collège de Sudbury, une institution résolument française dont une certaine partie, il faut bien le reconnaître, se frottait d'un peu trop près à *L'appel de la race* de l'abbé Lionel Groulx. De toute nécessité, il fallait savoir doser davantage son nationalisme dans l'Ontario-Nord, notamment dans le diocèse de Mgr Raphaël Hubert Dignan (Sault-Sainte-Marie) – Camille Lemieux, avec son hebdomadaire sudburois, *L'Ami du Peuple*, étant l'une des exceptions notoires –, le pratiquant à voix basse plutôt que l'arborant sur la place publique avec fierté, comme se permettaient de le faire sans gêne nos compatriotes d'Ottawa et nos Québécois à leur Assemblée nationale. Pouvait en témoigner le clergé séculier francophone du diocèse de Pembroke, qui héritait toujours des paroisses pauvres comme Chiswick près de Corbeil, lieu de naissance des jumelles Dionne.

Les élites qui s'affrontaient dans les associations de survivance avaient en conséquence une attitude différente envers le Canada anglais et envers le Québec selon qu'elles provenaient d'Ottawa ou d'ailleurs en province. Tous ou presque par contre étaient des fédéralistes qui conspuaient les indépendantistes. Ceux des régions pour sauver le pays en imitant leurs compatriotes anglophones qu'ils côtoyaient à cœur de jour, et ceux d'Ottawa, parce qu'ils voyaient leurs frères du Québec, qui cherchaient à se bâtir une identité nationale, comme de vulgaires *nationalisses* (sic), comme dans *séparatisses* (sic) ou dans *communisses* (sic), rétrogrades, dépassés et incapables d'être guidés par la raison éclairée. Comme Chrétien, Trudeau avant lui et Duplessis à sa façon particulière, et même Henri Bourassa au début du siècle dernier, ils croyaient dur comme fer que le Canada était bilingue et biculturel pour toujours *a mari usque ad mare* (devise nationale du Canada). Je ne partageais ni leur vision optimiste de l'avenir ni leurs réflexes revanchards à l'endroit du Québec.

J'avais trop carburé à l'histoire et à la littérature françaises, à l'essence de Dollard des Ormeaux, de Champlain, de Frontenac et des Patriotes de 1837, à la pensée livresque de *Menaud, maître-draveur, Le Survenant, Au pied de la pente douce* et d'autres romans canadiens-français, aux Compagnons de Saint-Laurent, aux poètes chansonniers Félix Leclerc et Gilles Vigneault, et trop admiré les figures de proue politiques de l'époque, Henri Bourassa, Louis-Joseph Papineau, Louis-Hippolyte Lafontaine, Camillien Houde, André Laurendeau, Paul Gérin-Lajoie et René Lévesque, sans oublier le maire montréalais Jean Drapeau et le valeureux policier Pax Plante, pour ne pas ressentir une forte attraction et un amour profond pour le Québec.

Sentant les Franco-Ontariens trop fragiles pour imaginer un pays bien à eux, je me tournai vers le Québec qui avait une toute petite chance de réussir l'exploit. Bien que dans mon for intérieur, à l'instar d'un grand nombre de mes compatriotes, j'aie toujours pensé que le rêve d'une souveraineté politique à la sauce canadienne-française ou québécoise, bien que charmant et captivant, n'était pas réalisable. On en trouvait les causes, parmi tant d'autres, dans le milieu nord-américain si intensément anglais et dans le serment d'allégeance prêté à la Couronne britannique.

Étaient fédéralistes aussi tous les Québécois venus habiter chez nous. Bref tout le monde avait fait son nid sauf moi. J'étais vaguement conscient du besoin de mieux me définir avant de trancher, mais l'envie était déjà presque irrésistible de me détacher du peloton franco-ontarien sur l'avenir du Canada et de me ranger aux côtés de mes frères francophones québécois, qui cherchaient davantage d'autonomie. Eux savaient ce qu'ils voulaient : une identité claire et sans ambiguïté.

Le Franco-Ontarien acculturé à l'Anglais était branché par la force des circonstances. Les événements avaient choisi pour lui. Étaient fixés aussi ceux qui luttaient courageusement pour leur survie culturelle dans les régions éloignées de la capitale, persuadés d'avoir un jour gain de cause, et ceux enfin qui croyaient ferme en l'avenir grâce à la Loi sur les langues officielles et à la présence du Québec dans la confédération. Si l'on peignait l'ensemble de la francophonie ontarienne à grands traits, ceux en danger immédiat d'acculturation habitaient les régions, tandis que les autres qu'on assimilerait à plus petit feu vivaient au centre de la capitale et dans la vaste région, sur son flanc est.

Il me restait à me situer dans ce casse-tête si difficile à assembler. Quel était mon véritable lieu d'appartenance au-delà de ma famille franco-ontarienne ? Est-ce que je communiais plus aisément avec les valeurs du Canada anglais parsemé de groupes francophones épars, qu'avec celles du Québec ? Que pensais-je du rôle de l'État en démocratie ? D'Israël et de la Palestine ? Les Palestiniens avaient-ils tous les torts ? Que dire de l'art et de l'humour alors ? De Dieu et l'Église ?

Où donc se situait, sur ces questions, mon premier ministre de mouvance allianciste dont le pays rêvé était davantage théocratique que laïque, pour qui, plagiant la droite américaine, l'économie et « le droit de choisir de l'individu étaient les seuls horizons légitimes de l'action publique » ? Il faut ajouter qu'en synchronisme avec leurs compatriotes de langue anglaise, mes compatriotes franco-ontariens ne désertaient pas l'Église au même rythme que leurs frères du Québec. Et moi ?

Mes études m'avaient, à moyen terme, sauvé des griffes de l'anglophonie. Tout s'était conjugué au collège pour franciser les Franco-Ontariens qui avaient eu la chance de s'y inscrire – en majorité du Nord, quelques-uns de Penetang, de Lafontaine et de Windsor en Ontario – pour en faire des Canadiens français au diapason de nos confrères du Québec, originaires pour la plupart de l'Abitibi et du Témiscamingue. Notre mépris en Éléments latins pour le piteux parler anglais des amis de La Sarre, de Fabre, de Belleterre ou d'Angliers, avait tôt fait place à notre ardent désir de maîtriser aussi bien qu'eux la langue de Molière. Les études, les séances de classe, les personnalités invitées et les concerts avaient pour conséquence de nous faire échapper le plus longtemps possible à l'acculturation au sortir du collège. Le vécu en résidence était français du lever au coucher.

C'est au collège aussi que se sont cristallisées nos vues sur la Constitution canadienne. La thèse des deux peuples fondateurs était la seule accréditée par les historiens sérieux qui n'avaient pas l'esprit retors ou n'étaient pas aveuglés par le complexe du vainqueur. Nous étions membres du peuple canadien-français – que nous habitions le Québec, l'Ontario, l'Acadie, Saint-Boniface, Gravelbourg, Edmonton, Saint-Paul ou Maillardville en Colombie-Britannique. Notre groupe d'appartenance était celui-là. Pourtant «il n'existe plus», disent les sociologues, voire «il n'a jamais existé, sauf dans l'imaginaire des Canadiens français en mal d'un pays». Personne n'acceptait de gaieté de cœur d'avoir été ou d'être demeuré apatride. Outre le Québec et toutes ces communautés francophones hors Québec vouées à disparaître, à plus long terme pour celles en bordure du Québec, que me restait-il comme patrie? Le Canada tout court, prétendait-on, mais ce pays-là, le Québec mis à part, était anglais et majoritairement protestant.

Le cri de ralliement «la langue et la foi» se faisant moins entendre, j'entretenais depuis longtemps le désir de quitter l'Église – pour des raisons culturelles et de multiples motifs détaillés plus haut et plus bas –, qui n'avait plus rien à contribuer pour la préservation de ma langue et de ma culture, afin de poursuivre sans entraves une quête encore plus complète de ma véritable identité d'être humain, ainsi que la recherche de Dieu, et m'inventer une «spiritualité authentique débarrassée de ses oripeaux théologiques». Peu à peu, je prenais mes distances de la paroisse. Mais il ne fallait rien brusquer, car un autre obstacle me taraudait l'esprit, celui de mes activités professionnelles chez moi au nord de la province, et par la suite à partir de Toronto, activités à la solde exclusive de la majorité anglophone de ma province. Je me devais de lever cet obstacle à la découverte et à l'approfondissement de mon identité, c'est-à-dire de mon moi unique et singulier que la nature et mon parcours de vie m'avaient réservé. Je n'étais pas chez moi en terre ontarienne. Sans être en plein désarroi, j'étais victime d'une appartenance boiteuse et équivoque à ma communauté canadienne.

En effet, la fonction que j'exerçais en sujet minoritaire dans un milieu anglophone majoritaire me rendait mal à l'aise, un peu étranger dans ma propre province. Et tout le temps, alors que mon propre milieu culturel se métamorphosait à en perdre tout espoir de survie et que l'Église se dogmatisait à pleine vapeur, s'isolant toujours davantage de la communauté – les décrocheurs (et plus tard les défroqués) ne se comptaient plus –, et pendant que je cherchais à identifier ma vérité profonde, mon travail m'accaparait tout entier. Le temps filait et j'avais besoin d'espace pour respirer afin de me situer une fois pour toutes dans ce monde qui répondait si mal à mes rêves et potentialités. Je décidai donc enfin de m'acheminer peu à peu vers ma retraite.

3

La retraite
(À la recherche de l'essentiel)

Pendant que nous remplissions assidûment notre rôle dans la société ontarienne en bons Franco-Ontariens toujours politiquement corrects, ne parlant français que très rarement en présence d'un unilingue anglophone – ce n'était pas poli –, les démocraties continuaient leur course effrénée vers la libre concurrence illimitée à l'échelle mondiale selon la loi du plus fort, mettant à mal la concurrence elle-même, détruisant la planète sans vergogne et entraînant dans la foulée de leurs funestes activités, la montée fulgurante des inégalités sociales et la disparition de la notion du bien commun.

On pouvait comprendre ceux qui éprouvaient de la difficulté à rester optimistes pour l'avenir de l'humanité et qui manifestaient sur la place publique. Le monde avait besoin d'un virage à 180 degrés qui ne viendrait pas de sitôt, à moins que le feu ne couvât sous la cendre et que la conflagration ne fût partout imminente. Sous réserve des nombreux intégrismes qui s'affichaient aux quatre coins de la planète, les événements récents de Tunisie et d'Égypte et autres manifestations dans les pays autant démocratiques que totalitaires permettaient de l'affirmer et redonnaient quelque espoir à l'humanité tout en damant le pion à la démocratie américaine et au monarchisme parlementaire canadien.

On chantait le renouveau du religieux comme si, en criant le nom de Dieu et du Christ et d'Allah dans les villes et les campagnes aux États-Unis, dans certaines parties du Canada et d'autres pays théocratiques du Moyen-Orient, du haut des montagnes et dans les vallées, en privé comme sur la place publique, on n'avait plus à se soucier de son prochain, tous les problèmes de justice sociale étant réglés comme par magie ou par enchantement, ou encore tous les maux qui s'abattaient sur l'humanité éradiqués par le doigt de Dieu, par le miracle des marchés dont Il était l'auteur ou par la force des armes ou l'application de la charia.

Non seulement tous ces mouvements intégristes canoniques, manichéistes pour la plupart, et les marchés aux mains d'aventuriers avaricieux faisaient régresser l'humanité et la mettaient en sérieux péril d'implosion, mais les religions du Livre pour leur part ne trouvaient rien d'autre à faire pour améliorer la gouverne et le sort des peuples que de chanter la gloire de Dieu et de promettre l'enfer à ceux qui refusaient de se rallier à elles.

Avec le saint nom de Dieu sur les lèvres, les hommes fomentaient la dissension, l'intolérance, le préjugé et la haine, voire les assassinats. Les «gens de bien» s'agenouillaient tout en faisant la guerre aux «méchants», qui aussi priaient Dieu jusqu'à cinq fois par jour. Plutôt que de se féliciter d'être du côté de Dieu, n'aurait-on pas dû lutter contre ces spiritualités patentées qui s'agitaient partout, cherchant à s'implanter dans les communautés en détresse? Et cesser, pour ce qui était des catholiques romains, d'applaudir les voyages hautement médiatisés du Saint-Père au cours desquels il faisait la cour aux despotes et prêchait au nom de son Église à des populations qui souffraient de la faim, des maladies et de la violence le retour au bercail ainsi que l'abstinence et les naissances plus nombreuses?

L'Histoire enseignait que le progrès de l'humanité s'estompait quand on adorait un Dieu inflexible, figé, situé en dehors du royaume des hommes, un genre de chef d'armée qui à ses heures commandait les protagonistes des deux bords, faisant gagner tantôt l'un, tantôt l'autre. On pouvait Lui prêter tous les desseins du monde sans avoir à craindre la contradiction. La foi hermétique et la peur tenaient lieu de débat rationnel.

Quand je faisais halte au milieu des activités de plus en plus pressantes de ma fonction et me tournais en mon for intérieur, je ne rêvais donc plus de constitution, de protection de brevets et de droits d'auteur, ni de dommages punitifs, ni de peines d'emprisonnement et encore moins de dogmes et d'idéologies, mais de l'expression de mon humanité, d'échanges fraternels, du bien et de la beauté de l'Univers. Je m'en portais déjà mieux pour avoir songé à me dépouiller des artifices idéologiques religieux dont j'avais si longtemps usé pour guérir de mes angoisses. Partir à la recherche du sens de l'Univers, voilà ce qui importait et ralliait mes énergies.

Mais toutes ces nobles pensées ne m'étaient venues longtemps qu'à la sauvette. Incapable de m'arrêter un bref moment pour les contempler dans toute leur profondeur, ma course effrénée s'étant poursuivie au rythme vertigineux que me commandaient les valeurs de l'Occident et le jeu supposément libre des marchés, j'éprouvais tout à coup un grand besoin de m'extraire de ce monde en mode de perdition. Si j'avais à cœur de réussir ma recherche de Dieu et du sens de ma vie, il fallait que je descende du train qui roulait à toute vapeur, beaucoup trop vite pour moi. J'approchais de l'âge de la retraite, rien ne servait de la retarder. Le temps était venu de me recueillir loin des bruits de la ville et des critères de réussite prescrits par mes pairs. Le train d'enfer que mon rôle dans la société m'imposait m'empêchait de découvrir l'être unique que j'étais, libre de choisir son destin, comme l'avait clamé Robert Bourassa à propos de sa patrie.

Vivant à la course, sans aucun répit, je n'avais donc pas eu le temps de m'ausculter. Porté et accaparé par ma fonction et par la société anglophone dans laquelle j'étais plongé en pure perte d'individualité, je ne savais plus si, ni dans quelle mesure, je vivais de mon propre souffle et à mon propre rythme. En somme, j'ignorais qui j'étais au-delà du Franco-Ontarien dont on définissait si mal les contours. Je l'avais pourtant su lorsqu'en bas âge je m'ébattais dans les rues de mon quartier. Non seulement mon monde était-il alors carrément francophone, il était aussi fait pour s'amuser. Qu'était-il advenu de cette vie d'hédoniste francophone, d'insouciance et de bonheur qui m'avait tant plu ? Et qu'en était-il de ma langue que je délaissais de plus en plus au profit de celle de l'Anglais que la mondialisation capitaliste avait choisie comme principal outil de communication ?

Un jour, n'en pouvant plus, je me résous enfin à tirer ma révérence à l'égard du monde judiciaire dans lequel j'œuvre depuis au-delà de 20 ans. Je communique ma décision aux autres et j'en avise les pouvoirs. Le jour dit, je quitte ma demeure à mon heure habituelle pour me rendre à mon bureau une dernière fois et dire adieu à mes plus proches collaborateurs. Quand vient l'heure du dîner, je me rends à ce réfectoire capitonné réservé à la gent judiciaire et que je fréquente tous les midis, afin de casser la croûte une dernière fois et de distribuer des poignées de main.

Si la courtoisie est au rendez-vous, on évite délibérément de parler de mon départ comme si tout à coup je n'étais plus des leurs. On passe vite à autre chose, échangeant ses vues, comme on a toujours fait, non pas sur le sens de la vie ou sur les problèmes de l'humanité, mais sur les causes d'espèce qu'on est en train d'instruire ; sur le développement d'une jurisprudence ésotérique dont plus personne ne se réclamera cinq ans plus tard ; sur la damnée fusion des tribunaux aussi que le gouvernement vient de décréter, contre l'avis de cette élite qui accepte mal d'être déconsidérée de la sorte. C'est un nivellement par le bas, déplorent-ils, qu'ils encaissent l'âme déchirée...

Feignant l'intérêt pour leur discours, je leur prête une dernière fois une attention soutenue, puis je quitte les lieux sans plus de formalités. Je me dirige vers l'ascenseur en sifflotant et en me félicitant que se soit dissipée mon appréhension à l'idée de démissionner du poste que j'avais pourtant sollicité avec ardeur pendant nombre d'années.

En effet, une sorte de peur difficile à cerner me frappait de plein fouet chaque matin à mon réveil depuis plusieurs mois déjà : peur de ne plus compter, peur de ne plus exister sans mon travail dont je m'enorgueillissais tant et par lequel je me définissais. Ma fonction et moi étions soudés l'un à l'autre, ne faisant qu'un. Mais c'était une unité de circonstance qui n'engageait pas mon moi profond. Le travail largement routinier et sous le contrôle de quelques administrateurs pointilleux se situait en dehors de mon humanité, ne rejoignant pas les fibres intimes de mon être intérieur. Il était, par contre, en synchronisme parfait avec le système économique et politique, celui-là même qui multipliait les conflits et les injustices à une échelle scandaleuse dans les sociétés modernes qu'il tenait fermement sous sa coupe, un système par ailleurs tout à fait conforme à la foi de charbonnier dont j'avais hérité.

Si j'ai différé ma décision si longtemps, c'est justement par crainte d'être aux prises avec de profonds sentiments de solitude et d'incertitude devant la vie vagabonde qui m'attendait et dans laquelle je passerais davantage inaperçu. Cette vie d'activité déchaînée de juge à la Cour supérieure, que j'avais tant convoitée à mon entrée dans la profession, me soutenait et me faisait vivre. Comment allais-je gérer la transition vers une existence qui n'avait ni cadre, ni but, ni rien qui lui donnât un sens? En prenant ma retraite plus tôt que prévu, pour me chercher et chercher Dieu et par surcroît en dehors de l'Église, j'avais les airs d'un quidam un peu cinglé qui ne donnait à personne l'impression qu'il rendait service à l'humanité, même pas aux veuves et aux orphelins si chers aux hommes de robe.

Or, j'eus enfin la certitude ce midi-là que mes craintes n'étaient pas fondées. Toute cette fébrile industrie que j'avais déployée qui visiblement m'avait longtemps enivré, était soudainement dépourvue de sens à mes yeux au chapitre du soulagement de la misère des autres. Si nécessaires au fonctionnement ordonné de la société, mes humbles efforts étaient peu susceptibles de promouvoir le bien général des justiciables et encore moins le mien. Un changement de cap plus fondamental était devenu nécessaire.

Le juge devait être par définition un conservateur au service d'un appareil d'une lourdeur systémique scandaleuse, parfois révoltante, ne jouissant dans la réalité de tous les jours que de très peu de pouvoir pour exercer la justice. Les tâches qu'on m'avait confiées pouvaient fort bien échoir à d'autres pions tout aussi efficaces que moi.

Pourquoi alors avoir attendu cinq ans et même davantage, avant de m'arracher à l'emprise de mon travail et de prendre la gouverne de ma vie? Pourquoi ne pas avoir agi plus tôt alors que ma résolution était prise de secouer non seulement le joug de mon Église et de ses dogmes, mais de tout ce qui m'empêchait d'être la véritable personne que j'étais, de mon travail notamment qui avait carrément sapé ma singularité d'être humain?

Ce jour-là, je franchis pour la dernière fois les énormes portes de ce vénérable et imposant palais de Justice, Osgoode Hall, érigé sous le régime du Haut-Canada avant la Confédération canadienne. En le quittant, je me remémore le temps de mes études dans cette Ville-Reine ontarienne, m'attardant surtout à ma grande préoccupation au moment de mon entrée à la Société du Barreau : «réussir» ma vie à tout prix, selon des critères établis par d'autres. Par des étrangers, en somme, puisque ma culture canadienne-française était tout autre que celle des descendants des Lords anglais qui nous avaient dotés de leur système juridique et dont les portraits grandeur nature ornaient les corridors. Qu'avais-je en commun avec ces illustres juges de la Court of Common Pleas? Boileau, Bossuet, Racine, Corneille, les

Classiques, les Romantiques, Voltaire et les autres précurseurs de la Révolution française, voilà ceux qui m'avaient fait vibrer! Ainsi étais-je mal préparé pour l'exercice de la profession d'avocat à la solde de la reine Élisabeth II du Royaume-Uni et des illustres Lords de la Chancellerie britannique.

Résolu à n'en rien laisser paraître, tout feu tout flamme, comme tous mes confrères juristes franco-ontariens que l'on comptait sur les doigts de la main à l'époque, j'avais cherché un emploi qui m'ouvrait les portes du succès professionnel et matériel, et qui donc me valait la considération respectueuse des autres.

Jetant mon dévolu sur la mise en place d'un cabinet dans ma ville natale, j'avais gravi rapidement les échelons de la réussite et accédé par mon travail soutenu et une fidélité irréprochable aux objectifs fixés par les maîtres du barreau, au sommet de ma profession, occupant en fin de carrière ce poste si hautement prisé de juge de la plus haute instance de la province. Je partageais ce banc de la Reine avec mes anciens professeurs et autres titans de la profession. Tout le monde était fier de moi, ma famille, mes amis, mon curé et jusqu'à Dieu Lui-même. Ainsi pensais-je dans mon grand besoin d'approbation.

Quiconque m'épiait superficiellement concluait vite (à tort) que j'étais très heureux, tout comme mes copains de langue anglaise, me piquant d'une épouse jolie et bien soignée, de quelques enfants adorables et bien élevés et appartenant aux clubs prestigieux dont les seuls critères d'appartenance retenus étaient l'argent ou une position telle celle de juge d'une cour supérieure de common law, cette institution née du mercantilisme anglais et qu'on avait raffinée au cours des siècles pour mieux dominer le monde. Derrière cette façade, vivait un Franco-Ontarien anxieux et désireux de se guérir de son malaise.

Prélude de ce néolibéralisme à la Thatcher, devenu la coqueluche des gens d'affaires et d'un nombre grandissant de politiciens de toutes couleurs, la common law, annonciatrice des théories dites lucides des Conrad Black de ce monde, avait développé les règles qui assuraient la protection des institutions en place, lesquelles favorisaient d'abord les nantis. Même quand ils se disaient libéraux, les plus éclairés de ceux qui se réclamaient d'elle et de sa prétention de concourir au mieux-être du monde, savaient au fond que les institutions qu'ils dirigeaient contribuaient à l'élargissement du gouffre entre riches et pauvres.

Plusieurs apologistes de ce nouveau statu quo réactionnaire allaient encore plus loin en s'attaquant d'arrache-pied à la tâche d'éliminer la dette le plus tôt possible sur le dos des pauvres, de comprimer l'État et de réduire les taxes, de devenir les valets des Américains, de mettre au pas les assistés sociaux, selon eux paresseux pour la plupart, et de mettre les criminels sous les verrous le plus longtemps possible, y compris les enfants de 15 ans et les handicapés mentaux. De l'idéologie intégriste pure et simple! Il n'y avait pas que le monde religieux pour souffrir de cette maladie terminale. Elle avait envahi toutes les sphères de l'activité humaine aux quatre coins de la planète, de l'Amérique à l'Europe jusqu'aux pays en voie de développement, auxquels on l'imposait en opposition aux règles humanitaires les plus élémentaires, lors même qu'on faisait mine de les aider.

Je n'embarquais pas dans cette philosophie délétère qui faisait régresser l'humanité, voire qui l'entraînait à sa perte. J'étais un type socialisant, un homme de la gauche si l'on veut, et j'en étais fier car j'étais en bonne compagnie avec l'homme de Galilée. Encore fallait-il définir la gauche en ces temps-là. On prétendait au moyen d'arguments spécieux depuis longtemps discrédités qu'elle se fondait sur une idéologie menant tout droit à la dictature, alors qu'elle prenait sa source dans l'humanité à son meilleur. Si, allant à la dérive, elle se mettait à accentuer le collectif au détriment de l'individu et à réprimer ainsi les libertés humaines, comme en certains pays de l'ancienne Union soviétique, d'Asie ou d'Amérique du Sud, c'est qu'elle avait pris un virage à droite. C'était une gauche fort différente de celle dont je me réclamais.

Je m'étais souvent demandé pourquoi les chrétiens n'étaient pas tous de la gauche. Pourquoi les Franco-Ontariens étaient-ils conservateurs en si grand nombre et avec autant d'acharnement? Ils étaient pourtant chrétiens, me disais-je, aux prises avec mes préjugés incontrôlables. Un minoritaire était plus apte, me semblait-il, à comprendre les besoins de la classe moyenne et à apprécier la misère et le désespoir des exclus et des éclopés. Car, comme ces derniers, le minoritaire cherchait la compréhension et la compassion de ses partenaires majoritaires et récoltait trop souvent, pour ses efforts soutenus, des refus et des rejets. Et pourtant le conservatisme idéologique régnait chez les miens comme chez les autres. Davantage même, puisque soucieux de bien paraître aux yeux des majoritaires.

La gauche n'était pour moi ni un système ni une institution ni une religion, encore moins un mystère. Ceux de ma génération savaient en quoi elle consistait. L'homme de gauche que j'étais – et je le répète alors que je réprouve les étiquettes – haïssait le totalitarisme sous toutes ses formes, celui de gauche comme de droite, autant celui des religions, tout en étant opposé au capital débridé, au marché couronné roi et à la mondialisation, ennemie impitoyable des pays du tiers-monde.

Aussi loin dans le passé que je portais mon regard, en imitation du Christ, le plus inspirant de mes gourous, je voyais la gauche soucieuse des pauvres, des déshérités et des êtres ébranlés. Farouche partisan de cette gauche, ainsi que je l'aurais proclamé à la face du monde n'eût été mon rôle dans une société qui me mandatait en fonction de mon réalisme et d'un centrisme là où régnait la vertu, j'étais rempli d'un mépris viscéral à l'égard des fraudeurs, des brutes économiques, des types suffisants, des petits Jos connaissants et des hypocrites œuvrant pour la plupart dans le monde de la finance, milieu qui, partout, contrôlait les élus.

Si mes jugements au cours des procès que j'instruisais reflétaient mes vues et dispositions quand les faits de la cause me le permettaient, je m'employais à occulter mon vrai visage pour ne pas nuire à ma carrière. Je n'irais pas loin au vu de ceux qui l'auraient deviné car l'extrême droite dénigrait la gauche, même modérée, grâce à des sommes colossales d'argent qu'on affectait à la publicité. Sauf que je m'employais à occulter mon vrai visage pour ne pas nuire à ma carrière. Sagesse ou hypocrisie de ma part? Je n'étais pas dupe en tout cas.

Mes tendances de gauche me servaient bien. Je jugeais sévèrement les actions et les gestes partisans des gouvernants de toutes mouvances politiques, à l'aune du bien-être du citoyen. Ces tendances guidaient aussi ma position vis-à-vis de l'Église et constituaient un outil de premier plan pour me situer dans les débats sur les grands enjeux de la vie et pour m'orienter dans ma recherche du sens et sur la question de l'existence de Dieu. Il fallait être de la gauche pour chercher Dieu, car ceux de la droite L'avaient déjà trouvé quand ils ne L'avaient pas relégué aux oubliettes.

Selon la pensée de la hiérarchie catholique romaine, fatalement de droite, Dieu avait bien ordonné le monde. Le seul problème à résoudre selon elle était la désertion du temple par les «fidèles», celle de leurs églises dans lesquelles on avait emprisonné Dieu au milieu de cérémonies sans fin. Au vu d'un nombre imposant de mes collègues, non pas que la majorité d'entre eux y pensait, Dieu était un acquis, un Être situé loin par-delà le firmament, et qui récompensait ceux qui travaillaient dur, jouaient du coude pour avancer, menaient «une bonne vie» et assistaient à la messe le dimanche ou à l'office protestant à la «mitaine» du coin.

Le succès s'expliquait et se définissait donc largement : «rendez à César ce qui est à César» – c'était écrit en grosses lettres dans l'Évangile – à coups de gros sous... pour le statut social qui en découlait. Tel était Dieu, tel avait été Dieu pour moi également, le même que ma mère adorait et craignait, Qui menait le monde d'une main de fer au moyen des structures de la société civile en place et de la hiérarchie ecclésiale qui les cautionnait.

J'avais hérité de ce même Dieu conservateur, mais au contraire de la majorité de mon entourage, je ne m'En satisfaisais pas. J'aurais préféré un Dieu juste et raisonnable, compatissant, apte à Se pencher sur le sort des pays du tiers-monde, soucieux du bien-être de ceux qui n'arrivaient pas à se procurer les nécessités de la vie. Un Dieu, surtout, qui veillait avec sollicitude à assurer la liberté de ses humaines créatures.

Mais si un tel Dieu existait, j'ignorais où Il se trouvait et j'ignorais tout, hormis l'élimination systématique de tous les dieux, du chemin qui pouvait mener à Lui. Parce qu'il n'était pas question de me défaire complètement de Dieu, je convoitais donc un Dieu plus acceptable que Celui qu'on m'avait imposé, une espèce d'entre-deux confortable, mi-figue, mi-raisin. Tous croyaient en Dieu sans se soucier d'En préciser le sens (le pouvaient-ils?), ne voyant pas l'utilité de chercher plus loin ou se réfugiant dans le mystère. Il m'importait de n'être pas de ceux-là, de n'être pas de ceux qui restaient sur leur appétit, bien que je ne savais que trop bien à quel point j'étais aussi privé de moyens pour mieux Le définir. Je tenais à croire en Dieu, mais en un Dieu préservant ma liberté intégrale, une condition indiscutable que Dieu, s'Il existait, S'appliquait à respecter.

La quasi-totalité des éducateurs religieux de mon adolescence avaient été des ultramontains, des propagandistes du statu quo se sentant tenus de condamner Voltaire, Montesquieu et tant d'autres penseurs ayant marqué l'Histoire. Ils les vouaient aux gémonies pour avoir osé faire avancer la science, de la physique aux sciences humaines, y compris les sciences sociales. La sociologie pour mon professeur de Rhétorique était l'œuvre des suppôts de Satan.

Quand on croyait en un tel Dieu, on portait Franco aux nues à l'instar des pères de la Compagnie de Jésus qui administraient le collège que je fréquentais, parce que le généralissime s'agenouillait devant le saint-sacrement, preuve irréfragable, arguaient-ils, de l'honnêteté de ses desseins et de ses moyens. Ou encore on accordait toute sa confiance à un Duplessis qui s'agenouillait le mercredi de chaque semaine en l'honneur de saint Joseph pour qui il avait une grande dévotion ; aussi grande, disait-on, que pour sa caisse électorale.

Les bons pères, comme les politiciens de droite des temps passés et présents, étaient prisonniers de l'idéologie chrétienne à la Jacques Maritain, à la Bossuet ou dans le style des Messieurs de Port-Royal et de leurs pairs jansénistes, en somme s'abreuvant à la mentalité vaticane. Leur premier et souvent seul souci était leur salut éternel personnel. Leur Dieu était un comptable qui distribuait ses grâces au compte-gouttes, à ceux qu'Il avait choisis selon des quotas et des indulgences prescrits par les bureaucrates de la curie romaine. Voilà qui était un encouragement au narcissisme crasse et à un égoïsme sans bornes.

On s'en accommodait autour de moi parce qu'on était inconsciemment de droite justement, voire de l'extrême droite trop souvent, à la Pinochet sans l'habit militaire, ou à la Thatcher son âme sœur, sinon à la Reagan ou à la Harper (pour un référent plus moderne), car comme eux, on portait les lois et la discipline au-dessus de tout humanisme. On s'était mis à détester l'État providence, produit du communisme, œuvre de Satan toujours, comme l'avaient prétendu le même Reagan et les nombreux bourreaux qu'il soutenait en Amérique du Sud. Les méchants étaient les autres, les communistes et les fascistes allemands en tête de liste, pour avoir conçu la solution finale contre les Juifs alors qu'on graciait le président américain coupable de crimes contre l'humanité d'une égale ampleur pour avoir largué la bombe atomique sur Hiroshima et Nagasaki.

On exaltait les mérites de la libre entreprise délestée des syndicats et de toute réglementation étatique. Dieu le Père l'avait ordonné. L'individu était roi. On l'adorait tel un veau d'or tout en sabrant les autres éléments constitutifs de la démocratie : la justice, l'égalité, la solidarité et la fraternité.

La manne allait donc aux plus habiles. Que les manchots et les boiteux s'arrangent ou recherchent l'assistance chez les fondamentalistes religieux qui ne demandaient qu'à les convertir ! La social-démocratie était une gangrène à combattre par tous les moyens et on collait, comme un vice à honnir, l'épithète de libéral à ses adversaires pour gagner la faveur du peuple qu'on avait déjà embrigadé dans la guerre sainte contre les libéraux, les démocrates, les socialistes et les communistes, bref les méchants, les ennemis de l'État ou plutôt du peuple, et par conséquent, ennemis de Dieu.

Le système n'avait pas réussi à m'imposer ses valeurs pour une variété de raisons que j'avais beaucoup de difficulté à cerner. Je me savais différent de la grande majorité de mes confrères et je me défendais de l'afficher. On pouvait donc se demander pourquoi j'avais choisi le droit quand j'avais pressenti que j'allais abhorrer si intensément l'atmosphère factice et sclérosée qui prévalait là où j'étais appelé à vivre et à travailler. À ceux que la chose intéressait, je répondais qu'il n'y avait aucun tort, quand on faisait bien son travail et disposait du talent nécessaire pour l'accomplir avec efficacité, à briguer le pouvoir et les honneurs comme tout le monde. Ce n'était pas moi qui avais construit une société aussi mal en point et quant à gagner ma vie, n'étant pas moins futé qu'un autre, pourquoi n'aurais-je pas moi aussi le gousset bien garni si j'étais prêt à consentir les sacrifices pour y arriver ?

Je savais pertinemment dans le milieu où j'avais grandi qu'on mesurait le succès non pas aux bons sentiments ou à la foi, mais à l'épaisseur de son porte-monnaie, à la qualité des complets que l'on portait et au poste qu'on occupait. On m'aurait pris pour un demeuré, dans mon milieu minoritaire, de vouloir m'en prendre à un système qui me gavait d'attentions et qui choyait les miens.

Pouvait-on dire que je vendais mon âme au diable pour autant ? La réponse que je me donnais était ambiguë. Mais mes tripes ne mentaient pas. J'avais fui mon être réel, trop faible pour résister à l'attrait du capital et des vanités de ce monde, et j'en récoltais maintenant les fruits empoisonnés. En dépit des succès remportés au sein de ma société, je n'étais qu'une coquille vide, un humain hostile à mon milieu, animé du désir sans cesse grandissant de mettre fin au cycle déshumanisant dans lequel je m'étais laissé emprisonner.

౭

Les sentiments qui m'animent en ce jour grisâtre d'automne, grésillant et frisquet, me soulèvent presque de terre alors que je chemine tête nue et col à découvert vers ma résidence, désencombré des 35 années, même davantage, vécues en marge de mon moi véritable et des valeurs que je cherchais à épouser au grand jour, en dedans comme en dehors, libre de toutes ces années perdues qui gisent inertes derrière moi.

J'opte cette fois pour le transport en commun plutôt que la limousine, choisissant de marcher les trois kilomètres de la fin. Je veux pleinement apprécier, dans l'intimité la plus stricte, le bonheur indicible que je connais depuis l'annonce de mon départ et que je savoure maintenant avec une intensité renouvelée.

Je sens pour la première fois depuis mes années universitaires que je tiens enfin les guides de mon destin. Je suis enfin libre. J'aurai maintenant tout le temps voulu pour me consacrer corps et âme à la recherche de mon identité intérieure et du sens de mon existence. Trop préoccupé par les vains soucis de mon emploi, m'adonnant à des discours sans conséquence, à des jugements ésotériques qui n'aidaient jamais personne à vivre plus heureux, j'avais vécu ma vie comme un pis-aller en attendant l'autre vie dans l'au-delà. Autant dire que je ne vivais pas.

Les feuilles mortes que le vent entasse au pied des clôtures le long de la route que j'emprunte pour regagner ma demeure me rappellent que moi aussi je tomberai de l'arbre qui m'a nourri, pour renaître en homme nouveau. Comme elles, je dois mourir à ce monde de dogmes et d'autorité infaillible qui m'a tenu captif si longtemps. Je n'ai rien à craindre, car à l'instar de cette nature qui affiche maintenant sa grande nudité d'automne, je bourgeonnerai au printemps, naissant à cette vie nouvelle chargée d'expériences inédites, grisantes, et surtout lourdes de sens.

Je respire profondément et pousse un cri de délivrance suivi d'un grand soupir de soulagement, suscitant le sourire de quelques passants qui me croisent. Soudain conscient d'être devenu objet de curiosité, je me mets à saluer à droite et à gauche, bonjour monsieur, bonne journée madame, me proposant sur-le-champ de poursuivre mon chemin peu importe ce qu'il en coûtera, en jurant de ne jamais plus reculer ni pour Dieu ni pour diable. J'étais libre enfin de plonger dans l'essentiel. Sauf que pour établir ma véritable identité, il me restait à revisiter les structures, les enseignements, les rites et les dogmes asphyxiants de mon Église ; bref, à en découdre, s'il y avait lieu, avec ses dirigeants entêtés.

4

L'INSTITUTION

L E FRANCO-ONTARIEN NE POUVAIT SE DÉFINIR sans qu'on précise d'abord, sinon remette en question, ses liens avec son Église. La langue, la culture et la Foi formaient un tout aux éléments inséparables. Or ceux-ci avaient considérablement évolué, leur influence respective aussi. D'une part on s'anglicisait et d'autre part les fidèles avaient récupéré leur droit de se questionner sur les dogmes de leur Église. Le temps était donc venu de me situer à mon tour.

J'aurais voulu des églises pleines comme autrefois, car le monde religieux et les valeurs spirituelles que je leur avais toujours associées me séduisaient autant que le matérialisme ambiant me répugnait. Mon Église en soi ne me rebutait pas ; je la voyais juste autrement, comme une assemblée d'êtres vivants, libres et conscients de leur unique grandeur. Il n'en dépendait que de ses dirigeants, à qui on aurait pu s'en remettre pour changer la donne s'ils n'étaient pas toujours tissés d'une seule et même étoffe : raides, ternes et réfractaires à tout changement.

En effet, les Saintetés successives assises sur le trône de saint Pierre ne conféraient le chapeau cardinalice, seul donnant droit de vote au conclave, qu'à ceux qui pensaient comme elles, elles seules détenant « la splendeur de la vérité éternelle ». L'assistance du Saint-Esprit allait toujours dans la même direction. Comment empêcher la chute libre d'une institution qui refusait les différences, décriait la diversité et poursuivait les dissidents avec autant d'acharnement ? Elle avait erré, voilà tout. Et paradoxalement, j'en éprouvais du chagrin. Parfois l'idée me venait de céder à la nostalgie de l'enfant en moi qui avait connu cette Église à l'apogée de sa gloire et de me lancer dans une grande opération de sauvetage. Aussitôt venue, l'idée s'évaporait.

En dehors des mariages et des funérailles, de bondées à l'époque où je grandissais à l'ombre de mon clocher, les églises étaient maintenant vides, sauf pour les groupes de prière. On y trouvait encore quelques personnes de l'âge d'or, des âmes éprises de pastorale et les enfants en bas âge accompagnés de leurs grands-parents. Le spectacle d'églises désertes puis mises en vente sur le marché me désolait.

En ces temps révolus, bien avant la prolifération échevelée des paroisses où l'on en comptait cinq dans une ville de 28 000 habitants de diverses confessions, une seule église réunissait les fidèles de la ville entière. C'était au temps de ma jeunesse, alors que tous accouraient religieusement au tintement des cloches, se massant auprès de la croix de Jacques Cartier juste à côté, sourire aux lèvres et bien endimanchés, s'attardant pour converser sur le perron avant la messe. Les uns fuyaient les mondanités pour faire le chemin de croix ou allumer des lampions à 50 sous, ce que les pauvres ne pouvaient se permettre. D'autres grillaient une dernière cigarette.

S'il y avait de l'ambiance alors dans l'église, ce n'est pas parce qu'elle était divine et suivait fidèlement les enseignements du Christ, mais parce qu'elle avait su imposer son langage et se situer au cœur de la communauté, lieu unique de rassemblements et d'activités, ludiques, civiques, politiques et culturelles. Même Victor Delamarre, l'homme fort, s'exhibait au sous-sol des églises canadiennes-françaises dans ses tournées à travers le pays. À tout prendre, l'institution était, il faut le dire, non seulement sécurisante dans son rôle de sanction de l'ordre établi et du salut éternel, mais aussi garante de l'avenir de la francophonie ontarienne minoritaire. Or un jour le peuple s'est révolté. L'humanité était appelée à triompher et non la pensée enchaînée des grandes religions et des empires.

Ceux qui dirigeaient mon Église d'une main de fer, comme d'ailleurs les imams et les télévangélistes d'aujourd'hui assoiffés de pouvoir et d'argent, n'avaient pas prévu la débâcle provoquée par les abus répétés d'autorité, par la modernité surtout, par les recherches historiques et les découvertes scientifiques. Et tout le monde savait maintenant que le déclin s'était préparé depuis plus longtemps encore, depuis la « conversion » de Constantin 1er le Grand au 4e siècle de l'ère chrétienne, qui avait un jour rendu imparable la désaffection des fidèles, avec ou sans la modernité. On avait cru à une victoire impériale d'un grand éclat qui allait faire triompher le message du

Christ partout dans le monde, lors même que le christianisme dans sa forme hiérarchique grotesque et caricaturale, empruntée à un Empire romain en plein déclin, se prostituait et allait par là même ignorer la doctrine évangélique à l'origine de sa fondation.

L'Église catholique, d'ailleurs, s'était fourvoyée dès les premiers jours de son existence. Quand on se penche sur son histoire et son origine, il apparaît qu'elle a en partie fondé son christianisme sur une fausse conception de l'avenir. À la suite du Christ, saint Paul et la plupart des autres propagandistes de cette religion naissante ont cru que la fin du monde était imminente. Leurs paroles et leurs écrits font foi d'une préoccupation obsessionnelle de se préparer à la fin des temps et au jour du jugement. Parce que le royaume des cieux et le retour du Christ frappaient à la porte, on réservait pour l'autre vie qui n'allait pas tarder à se profiler, l'égalité entre les hommes et les femmes, entre les esclaves et les hommes libres, les rois et leurs sujets, les esclaves et leurs maîtres. En attendant, il fallait se soumettre à l'ordre établi car toute autorité venait de Dieu, même celle du despote ou des papes; or ces derniers avaient, au fil des siècles jusqu'en pleine époque humaniste, attribué à certains êtres humains (noirs comme autochtones) un statut inférieur voulu de Dieu. C'est ainsi d'ailleurs que le grand apôtre Paul de Tarse avait accepté l'esclavage et la subordination de la femme à l'homme. Il n'était pas sûr d'ailleurs pour ces machos que la femme eût une âme.

Au cours des premiers siècles de notre ère, le retour immédiat du Christ ne s'étant pas réalisé, l'Église n'a pas cessé pour autant de mettre l'accent sur la vie à venir de préférence à la présente, reléguant au second plan les injustices et inégalités tolérées au départ, invoquant chaque fois la volonté de Dieu dont on ne questionnait pas les desseins. Bienheureux ceux qui pleurent car au ciel, ils seront consolés! S'était-elle vraiment amendée à cet égard au cours des siècles?

Les chicanes de clocher et de pouvoir avaient éclaté dès l'ascension de son fondateur, opposant d'abord Pierre et Jacques de Jérusalem à Paul l'apôtre des gentils, puis les théologiens et évêques des 2ᵉ, 3ᵉ et 4ᵉ siècles du christianisme d'Église, tantôt ceux d'Antioche qui s'en prenaient à ceux de Carthage ou d'Alexandrie, et tantôt ceux de Jérusalem ou de Rome qui combattaient leurs frères d'Antioche. La querelle entre Pélage et Augustin, le premier préférant la responsabilité de chacun à la grâce augustinienne, illustre bien la conjoncture historique de ces temps-là.

Ce qui était à prévoir arriva. Chacun y est allé de ses théories et de ses explications relatives à l'orthodoxie. Et un nombre déconcertant de candidats se disaient successeurs des apôtres. On était parvenu pour un temps à faire l'unité grâce aux pouvoirs civils – aux prises avec leurs propres luttes intestines –, que les chefs religieux investissaient par la force des armes. Les perdants étaient expulsés des deux pouvoirs. Certains prenaient d'eux-mêmes le chemin de la sortie, souvent pour se replonger dans un guêpier tout aussi inextricable. Puis clopin-clopant on s'était rendu au 16e siècle. Parmi les plus notoires des protestataires qui ont laissé des vestiges durables : Mahomet, Luther, Calvin et Henri VIII. Ensuite vint la France qui en bonne partie quitta la barque de Pierre en 1789, suivie du Québec au milieu du siècle dernier. Si l'histoire se poursuivait ainsi et la tendance semblait se maintenir, le reste du monde un jour suivrait... et l'Église romaine telle que constituée rendrait l'esprit. Œuvrer au sein de cette Église pour la transformer ou la quitter, voilà le dilemme dans lequel sont enfermés de nombreux chrétiens depuis des lustres, les chrétiens catholiques au premier rang !

Pourquoi ai-je mis si longtemps à m'en affranchir, à quitter la peur et la soumission aveugle à des prescriptions qui ne correspondaient en rien à mes préoccupations d'être humain ? Pourquoi ai-je cautionné si longtemps, à l'instar de milliards d'êtres humains, une Église dont l'existence même bafouait le message des Évangiles ?

Nous avions tenu à notre religion pour des raisons d'identité. Je croyais en effet en mon Église parce que mes parents y avaient cru avant moi et m'avaient enseigné qu'un homme bien élevé croyait en Dieu, priait matin et soir, et L'aimait, parce que l'Église avait été fondée par Dieu Lui-même. Bref pour des raisons culturelles et sociologiques. Cette Église était l'ancre qui permettait à mon identité minoritaire de survivre et de s'affirmer tout en voguant sur cet océan anglais où je risquais à tout moment de faire naufrage et de disparaître. Elle me sécurisait donc tout en comblant le manque d'amour vrai dans ma vie. Le cri de ralliement «la langue et la foi», ces deux inséparables dont on nous avait tant rebattu les oreilles, faisait partie de notre être. La perte de l'un entraînait la disparition de l'autre.

Nonobstant toutes ces considérations, si seulement l'Église catholique n'avait pas quitté l'humble place qu'elle occupait à son départ en Palestine, ne s'était pas écartée du Sermon sur la montagne portant sur les

Béatitudes et sur l'accueil de la Samaritaine ni de la leçon servie à la foule en délire prête à lapider la femme adultère, c'est-à-dire si on avait gardé vivante l'Église d'avant sa contamination, j'aurais pu m'y rallier, quitte à mettre à jour son message et son langage en fonction de l'évolution de l'humanité. Ce faisant, j'aurais contribué à transformer ses temples aux clochers d'argent en des lieux de repos et d'échanges fraternels, en des oasis sur le chemin de la vie, lieux propres à la méditation. L'Église perdait à ne pas les rendre plus accessibles en dehors du temps des messes. On les verrouillait comme des musées après les heures de fermeture, comme si on voulait en priver le commun des fidèles au profit de quelques initiés, alors qu'on proclamait l'Église universelle. Et pour comble, on chassait les francophones des parvis de leurs églises, notamment en Ontario-Nord, les cédant, faute de fidèles franco-ontariens en nombre suffisant, aux anglophones plus friands qu'eux de la messe dominicale et plus généreux au moment de la quête.

À l'annonce récente par l'évêque du lieu, que l'église Saint-Antoine-de-Padoue, paroisse mère, allait servir à ses ouailles de langue anglaise, les paroissiens francophones dans cette église de ma jeunesse y avaient laissé leur âme et d'autres étaient morts le cœur brisé. L'Église s'en était allée rejoindre la majorité de langue anglaise, imitant le peuple canadien-français lui-même, dont elle avait voulu assurer la survivance. Un échec sur les deux fronts.

Si cette Église qu'on disait universelle voulait éviter sa destruction ou en retarder l'échéance, elle n'aurait pas dû compter sur les pouvoirs civils comme elle l'avait fait au Canada français et partout ailleurs. Il lui aurait plutôt fallu restaurer son âme, ouvrir grandes les portes de ses temples à tout le monde sans distinction, croyants comme incroyants, jour et nuit, les dimanches et en semaine, aux uns pour adorer Dieu, aux autres pour rencontrer des sœurs et des frères, pour qu'ensemble ils se consacrent à l'amélioration du sort des nécessiteux, qu'ils servent à pourvoir ces derniers d'abris la nuit, loin des ponts et de la chaleur des égouts. La véritable solidarité ne connaissait pas les limites imposées par l'institution. Jésus lui-même, en son temps, fréquentait rarement ce temple dont il avait par ailleurs prédit la destruction, un temple ressemblant drôlement à ma propre église paroissiale, sous le strict contrôle exclusif de la caste sacerdotale. C'étaient les clochards dans la rue qui retenaient son attention.

Il importait de dépoussiérer le message évangélique, rendu méconnaissable tant on l'avait déconnecté de la réalité humaine. Les fidèles n'avaient pas besoin du soutien de miracles non plus. Ils n'exigeaient pas, pour adhérer au Message, de croire qu'historiquement, Jésus ait ressuscité Lazare. Ou encore qu'on ait réellement changé l'eau en vin. Plusieurs théologiens qui avaient encore la cote dans l'Église n'insistaient même plus sur la résurrection historique du Christ qui avait, pour plusieurs, cessé d'être Dieu. Les prêtres et professeurs des séminaires, Eugen Drewermann, Hans Küng, les membres d'ordres et de congrégations, les Jésuites, les Dominicains, les Bénédictins et les prêtres ouvriers confus ne savaient plus à quel dogme se fier. Hommes et femmes avaient misé sur la religion pour les accompagner dans leurs difficultés, pour les écouter avec compassion. Ils n'avaient trouvé que des règles et des encadrements qui allaient à l'encontre de leur nature.

L'Église avait une rude besogne à accomplir. Il fallait d'abord repenser la direction, la confier à des chefs qui doutaient de tout, qui s'en tenaient à la prédication d'un Évangile universel, plus symbolique qu'historique, plus digne des adultes que nous étions. À des chefs qui prêchaient un message de respect des consciences, renvoyant les hommes et les femmes à eux-mêmes, promouvant ainsi une authentique spiritualité intériorisée. Quand certains prêtres et laïques s'étaient élevés contre son intransigeance, elle aurait dû les écouter plutôt que les menacer d'excommunication.

Pour réussir un tel projet de restauration, il fallait mettre à pied un grand nombre de clercs, ainsi que le voulait la nouvelle mode néolibérale, éclaircir les rangs, mais cette fois en vue d'alléger et de revitaliser l'appareil, pas pour maximiser les profits. Les hauts dirigeants sont d'un naturel opiniâtre, et il était trop tard déjà pour les sauver. Ils consacreraient leur retraite à demander pardon à Dieu de n'avoir pas su éliminer les obstacles qui empêchaient leurs fidèles d'être d'authentiques chrétiens. Ils se repentiraient d'avoir fustigé et même excommunié un grand nombre d'esprits forts, comme les théologiens de la libération qui avaient passé outre à leurs ordonnances.

Le seul crime de ces hérétiques déclarés était pourtant d'avoir voulu imiter le Christ en eux. Par leur insubordination et leur obsession d'aider les déshérités de la terre, ces rebelles cherchaient Dieu. Ce qu'ils faisaient était plus conforme à l'esprit évangélique que les cérémonies où on s'époumonait à chanter les louanges de Dieu, coiffé de la triple tiare ou de la mitre, la crosse à la main et la bague au doigt, distribuant l'encens et l'eau bénite.

On recruterait, pour les remplacer, des candidats à la prêtrise d'une trempe différente ainsi que des femmes à qui l'on permettrait de prendre mari ou femme, évitant de la sorte une solitude morbide et malsaine à se procurer des orgasmes défendus. Ils pourraient aussi différer d'opinion avec le Saint-Père sur le contenu de *Veritatis Splendor* (La spendeur de la Vérité), et combattre son instrument politique, l'Opus Dei, un organisme qui ne cédait en rien au chiisme radical iranien ou au judaïsme hassidique. On offrirait gracieusement à ceux qui désireraient s'amender des séances de psychanalyse, leur permettant enfin de vivre.

֎

Le choix à faire pour moi était le même que celui des autres croyants : quitter l'Église ou tenter de la réformer du dedans. L'alternative s'avérait fort problématique. Au contraire de la majorité des croyants de ma génération, et même à l'encontre de plusieurs autres encore plus jeunes, j'en étais venu à pencher pour la laisser tranquillement s'éteindre, aux prises avec ses scandales et toute la panoplie de ses contradictions internes. Il aurait fallu le charisme, la verve et la force de conviction d'un Jésus de Nazareth ainsi que le fouet qu'il avait utilisé contre les vendeurs du Temple, pour la sortir de son marasme et la remettre sur le droit chemin – dehors son Vatican de fastes et de gloire. Mais par malheur, ainsi qu'on le savait désormais, le Christ n'était pas près de revenir.

La question corollaire qui se posait en filigrane et qui formait la principale raison d'être de mon questionnement était de savoir si, une fois désengagé d'elle, c'était possible pour un croyant de persister à croire en Dieu. Qu'advenait-il de Dieu en dehors de cette Église qui enseignait que le Christ, son fondateur, était Dieu et que c'était donc Dieu Qui avait mis en place les structures de cette hiérarchie romaine si solidement enracinée dans le monde depuis deux millénaires ? Fallait-il dire adieu à Dieu quand on se défaisait de sa prétendue Église ? De cette Église qui s'était écartée avec tant de constance et de détermination de la doctrine évangélique ?

Si on excusait l'institution en prétextant qu'en dehors du domaine *ex cathedra* qu'elle se réservait, elle était humaine et donc faillible tout en prétendant qu'elle avait transmis le Message pendant 2000 ans, aux yeux des plus éclairés, ses structures et ses agissements au cours de l'Histoire n'étaient pas défendables. Elle avait trahi les principes qui sous-tendaient l'œuvre de Celui qui l'avait initiée, et elle continuait son bonhomme de chemin, refusant de s'amender. Drôle d'homme-Dieu qui aurait institué une pareille Église! Bref, l'Église était devenue ce contre quoi s'était élevé le Christ lors de son passage sur la Terre. Les Évangiles avaient fait état pourtant de ses sorties au temple, lorsqu'il accablait d'injures les dirigeants de l'Église, les traitant de «sépulcres blanchis». Pourquoi ne s'en était-elle pas souvenue?

Il fallait donc tenir séparés Dieu et l'Église. Dieu survivait sans l'Église (le vrai christianisme aussi) et pouvait fort bien Se tirer d'affaire sans elle. Non plus, à mes yeux, Dieu aurait-Il fondé une Église hiérarchique. Ce n'était pas dans sa nature et elle semblait incompatible avec son message. Après qu'un certain nombre de grands théologiens des premiers temps de l'Église eurent soulevé la question de la divinité du Christ et que d'autres l'eurent fait tout au long de son histoire, on se demandait à nouveau si le Christ était vraiment Dieu. Il était devenu Dieu presque malgré lui. Parce que Dieu se prêtait mal à la représentation, on avait conclu que le Christ était vraiment Dieu, l'Unique, l'Éternel, Qui avait pris la forme humaine pour Se faire identifier et connaître et Se faire aimer des hommes. Jésus était le visage humain de Dieu.

Puisque Dieu était ineffable, on s'était bousculé au portillon tout au long de l'histoire pour mettre la main à la tâche impraticable de Le définir. Les chrétiens n'étaient pas les premiers à s'y mettre, mais ils n'allaient pas être en reste s'ils tenaient à réaliser leurs desseins d'une religion à la grandeur de la planète. C'est ainsi, à la suite de querelles violentes qui avaient même tourné au lynchage de l'adversaire, dans la querelle ésotérique du filioque à titre d'exemple, qu'on avait comblé l'écart entre l'homme et le divin. Dieu et homme en même temps, un Christ-Dieu devenait ainsi accessible.

Mais la messagère de cette notion d'un homme-Dieu n'était plus crédible à mes yeux. Ainsi peu à peu, sans chercher à les effaroucher, j'avais exprimé mes doutes devant quelques-uns de mes proches sur la légitimité de l'Église et le bien-fondé de ses dogmes. Et un jour, j'avouai sans détour mes nouvelles orientations vis-à-vis de l'Église ou, comme on dirait, mes « égarements hérétiques ».

Je me retrouvai aussitôt sur la ligne de feu, contraint à me justifier auprès de mes proches et de mon curé. Être en rupture totale avec son Église au vu et au su de tous ne constituait pas dans ces temps-là, au Canada français hors Québec, un repositionnement de tout repos. Encore moins pour moi dont les habitudes, la mentalité et l'esprit s'étaient incrustés pendant de longues années, aux mains de prosélytes fort décidés et intraitables, de ses rites nombreux et obligatoires, de ses règles, de ses dogmes et de ses façons d'expliquer l'Univers.

Mais si j'avais eu peur de me faire écorcher sans trop savoir par qui ni comment, ou encore de me retrouver sans repères, il n'en fut rien. On ne s'était pas étonné. Il faut comprendre aussi que la Révolution tranquille, que je suivais de près, avait érodé au Québec urbain le tissu des attitudes de peuple soumis qui avait tant retardé son développement. Une fois mises en place par les gouvernants de l'heure les assises laïques nécessaires à toute société civile, l'Église hiérarchique de Rome s'était vu retirer, dans cette province canadienne-française, toute pertinence quant aux politiques de l'État, dans les milieux littéraires, voire dans la majorité des milieux généralement bien informés.

Le reste du Canada français, particulièrement en Ontario, avait subi le ressac de la Révolution tranquille un peu en retard et sans en avoir été aussi radicalement imprégné que le Québec d'à côté. Emballé par le vent de liberté qui soufflait au pays de René Lévesque, j'exprimais souvent, avec discrétion et beaucoup de précaution, mes doutes et mon scepticisme grandissant vis-à-vis des vérités dites révélées, tout comme les Québécois le faisaient dans leurs écrits et dans leurs actes inspirés par le Refus global et par les artisans de la Révolution tranquille.

On se souviendra qu'en ces temps-là, si on était perçu comme un homme d'influence dans la communauté franco-ontarienne, on participait fidèlement aux activités de l'Église même si on n'avait pas la foi ; et on respectait, du moins en apparence, ses règles les plus visibles, fidèle en cela à la majorité anglophone dans ses propres Églises. Autant chez les catholiques que chez les protestants, il n'était pas bon d'être sans Église.

Pour ma part, deux mondes m'avaient sollicité : celui d'avant les années 1960 à 1970 et celui qui avait suivi. Nous étions après 1970. Ce qui expliquait, à ma grande surprise, qu'on avait cessé très tôt de se préoccuper de mes promenades du dimanche. Même que l'Église avait plié bagage comme la ligne Maginot devant les chars d'assaut d'Hitler lors de son entrée en France. Les cérémonies liturgiques avaient ensuite sauté une à une : messe, confessions, communion et retraites fermées. Quand j'eus décidé de l'affronter de pied ferme, j'ai vu à mon grand étonnement que mon Église s'écroulait comme un château de cartes. Il faut dire que l'édifice sous mes yeux se lézardait depuis longtemps.

J'avais appelé foi la complicité culturelle avec une institution religieuse gérée par des hommes et non des femmes – preuve additionnelle d'usurpation de pouvoir – qui s'étaient inventé la mission de penser pour moi. Naïf et crédule, comme tant d'autres, j'avais tout gobé sous la pression du milieu.

Beaucoup de fidèles s'y étaient pris différemment, vivant pleinement leur vie de liberté au sein de l'Église, faisant fi de ses consignes et de ses enseignements tout en continuant de s'en réclamer et de s'en prévaloir pour les grands événements de la vie : baptême, Pâques, mariage et sacrement des malades. J'aurais voulu suivre leur exemple – c'eût été plus facile pour moi de me conformer aux croyances et au mode de pensée des autres membres de mon groupe immédiat d'appartenance – tout en me demandant comment ils pouvaient demeurer membres à part entière de l'Église et épouser les positions qu'elle-même récusait avec tant de force, telles la liberté sans bornes de la conscience, l'amour libre, le mariage entre personnes du même sexe, la contraception et l'euthanasie. Ils restaient soudés à elle, n'en éprouvant aucune gêne tout en reconnaissant aux femmes le droit à l'avortement, condamné par l'institution avec le plus grand acharnement du haut de la chaire et partout dans le monde, y compris sous la signature farouche de Son Éminence le Cardinal de Québec, au détriment de la charité la plus élémentaire très souvent.

Une véritable énigme pour moi que cette identification à l'Église dont certains croyants se réclamaient, l'accusant du même souffle d'être réactionnaire et dépassée ! Comment pouvaient-ils appartenir à cette institution quand ils rejetaient le bien-fondé de ses positions et n'épousaient plus les tenants et aboutissants principaux de sa doctrine ?

Il était inconcevable pour ma part de la fréquenter une fois que j'eus cessé de respecter ses règles de morale absolue que supposément elle tenait de Dieu, règles parfois créées de toutes pièces pour assurer sa légitimité et sa perpétuité. On ne pouvait servir Dieu et Mammon, c'est-à-dire être catholique romain à temps partiel. C'est ainsi que j'avais compris mon appartenance à mon Église : tout ou rien. Le « crois ou meurs » de l'Église du Moyen Âge n'avait rien perdu de sa force ni de son efficacité. Seules les sanctions avaient changé, du bûcher à l'excommunication à laquelle j'avais échappé en me taisant.

J'optais maintenant pour l'exercice de ma liberté de pensée contre la pseudo-vérité sans appel promulguée par le Saint-Siège. Le sommet de la hiérarchie, comme tous les littéralistes et les chefs et intégristes des religions que je connaissais, s'était montré intraitable, certains papes ou cardinaux plus que d'autres. Même sous l'égide d'un règne pontifical un peu plus ouvert que les précédents, que certains appelaient en vain de tous leurs vœux et dont une seule fois l'Église s'était dotée sous Jean XXIII, ce que personne n'espérait déjà plus depuis que le siège de saint Pierre avait été pris d'assaut par le bienheureux (maintenant saint) évêque de Cracovie de regrettée mémoire, il m'était devenu impossible d'y œuvrer de l'intérieur tout en me réservant un peu d'espace pour respirer.

L'interprétation mythique et symbolique plutôt que littérale des Écrits saints me convenait mieux et s'arrimait mieux aux avancées de la science et au temps que nous vivions. L'Église servait mal sa cause quand elle reconnaissait le caractère symbolique et allégorique des récits bibliques uniquement lorsque les prodigieux progrès de la science lui en imposaient l'obligation, sous peine de se couvrir de confusion. La résurrection de Lazare, l'arrêt du soleil par Josué et le procès de Galilée illustraient bien les dilemmes qu'engendre l'interprétation littérale des écrits. Ces exemples d'absurdités dataient de loin, ce qui ne compromettait en rien leur pertinence au 21e siècle.

L'Église de Rome avait un peu progressé à la Renaissance après plusieurs siècles d'obscurantisme, mais seulement pour reprendre à grande vitesse le chemin de l'absolutisme et de l'intolérance. Refusant obstinément encore aujourd'hui de retenir les leçons de l'Histoire, elle revenait au littéralisme avec le créationnisme qui reprenait du service avec sa bénédiction tacite dans les pays du tiers-monde jusque dans les gouvernements des pays d'Amérique, y compris le nôtre.

Voilà qui résumait bien et tout d'un trait ce que je pensais de mon Église. Mais il était écrit que je ne m'en sauverais pas à si bon compte.

Parce que les églises étaient de plus en plus désertes, on accusait les sceptiques comme moi d'infidélité envers l'Église, et leur jetait le blâme de sa déchéance. L'accusation était-elle justifiée? Pouvait-on rester fidèle à soi-même, à sa communauté franco-ontarienne, à son histoire et à ses ancêtres tout en se détachant de sa foi d'antan? Il fallait plutôt se demander s'il était vraiment possible de pratiquer une religion dogmatique sans verser dans l'intégrisme.

Ne me leurrais-je pas quand je pensais réforme, sachant fort bien, au fond, que ma décision de quitter était irréversible? Je ne croyais pas en la capacité de se refaire au sein d'une Église dogmatique fondée sur une Révélation interprétée par le magistère. Mon Église s'était appropriée tous les pouvoirs divins pour en devenir la dispensatrice unique, défendant son monopole de Dieu bec et ongles ainsi que son accès privilégié à Lui, comme à un droit de propriété exclusif conféré par les saintes huiles. Celui qui s'arrogeait un tel droit me réduisait à l'esclavage et le reste de l'humanité avec.

Il aurait fallu que l'Église meure et qu'ensuite elle renaisse de ses cendres, défaite de ses liens verticaux avec le Très-Haut, permettant aux hommes et aux femmes de bonne volonté de se donner enfin un vivre religieux collectif libre de dogmes et d'injonctions. Si j'avais l'impression d'avoir rejeté l'Église de mon enfance pour toujours, le message évangélique restait ancré au fond de mon être, au centre de la culture franco-ontarienne qui m'habitait, au cœur même de mon humanité. Un message indissociable de ma personne. Le dernier procès du catholicisme était pour plus tard, réservé à ceux qui croyaient encore aux vertus de Vatican II. Pour ma part, l'Église telle que constituée n'avait pas d'avenir. Que pouvait François contre un tel appareil? L'histoire de l'humanité autant que sa propre histoire lui promettaient, selon la lecture que plusieurs commentateurs réputés en faisaient, un désaveu cruel à plus ou moins brève échéance.

5

LE BERCEAU DE LA CIVILISATION

APRÈS LA QUESTION DE L'ÉGLISE, celle de Dieu. Le Franco-Ontarien, ce façonneur de mon Dieu, à Qui j'appartenais corps et âme, n'était pas tombé de la dernière pluie. L'histoire d'un peuple, ses croyances et ses symboles s'échelonnaient sur plusieurs siècles voire des millénaires. Le Franco-Ontarien était issu de la Nouvelle-France et donc de la France, de ses lointains ancêtres gaulois, des Romains, des premiers chrétiens, des Juifs, des Grecs, d'Abraham, Moïse et leurs descendants. Il pensait à sa façon particulière parce qu'eux avaient pensé avant lui.

Libéré des exigences de ma fonction et de mes démêlés avec mon Église, mon premier geste avait été de justement visiter la Grèce, Israël et puis l'Égypte. Un rêve que je caressais depuis longtemps. Éprouvant le besoin de m'éloigner pour quelques mois et me ressaisir loin du monde exigu qui m'avait vu naître et grandir, il m'avait tardé de prendre le large, de me frotter à ces lointaines contrées historiques dans lesquelles je restais en un sens enraciné. Comment ne pas tourner les yeux vers la civilisation hellénique et vers ce berceau de l'humanité marquant le début de la tradition judéo-chrétienne qui était la mienne ?

À tort ou à raison, je m'étais convaincu qu'il n'y avait point d'ambiance plus propice à amorcer le discernement de ma vérité et de la vérité de Dieu, et à jauger le sens de l'Univers, que ces terres anciennes où la vie de l'esprit et la quête de vérité avaient connu de meilleures heures. On nous avait tant parlé de ces contrées lointaines ! Il m'importait de m'y rendre pour instruire ma propre enquête, dans l'optique cette fois d'un Dieu et d'une spiritualité hors l'Église ou la religion universelle. Il seyait, en effet, que j'ouvre grandes les fenêtres de ma maison intérieure, là où, bien qu'à tâtons, l'humanité s'était explorée avec une étonnante assiduité et avec grande passion ; que je la dépouille encore davantage des dogmes et de l'idéologie religieuse qui à ce jour y avaient occupé tant de place. J'évacuerais d'elle toutes ces vérités absolues. Quitte à me lancer ensuite à la recherche d'un nouveau sens aux phénomènes humains.

En prolongement des enseignements reçus de l'Église et de ma famille, mes études classiques en terre franco-ontarienne m'avaient présenté les civilisations égyptienne, grecque et romaine à travers le prisme du judaïsme et du christianisme historique et orthodoxe venu compléter la loi de Moïse. On m'avait raconté l'Histoire sainte comme on débite un conte de fées au coucher des enfants. Notre monde était fait de blanc et de noir, toujours donné, ordonné et indiscutable, sans jamais que l'on fît place à un entre-deux, à un monde un peu moins tranché où la nuance jouait un rôle. Dieu, Qui était blanc, brun ou olive peut-être, mais ni jaune ni noir assurément, veillait au grain, comblant de grâces ses peuples choisis, les Juifs dans l'Ancien Testament et les Canadiens français au temps de ma naissance, tous deux formant des « peuples aimés des cieux ».

Toutes païennes qu'elles étaient, m'avait-on raconté, l'humanité était redevable à ces trois civilisations d'un certain progrès dans l'établissement des principes et des structures propres à l'avancement des populations dites civilisées. Elles avaient préparé les voies, ainsi qu'on le racontait à propos de saint Jean le Baptiste, qui a indiqué Jésus pour son destin particulier. C'était sur les religions judaïque et chrétienne que le vrai et unique Dieu, roi et maître du monde, créateur de l'Univers à partir de rien, avait fait pleuvoir ses faveurs. Donc l'Israël monothéiste et mon Église conquérante qui avait pris la relève avec Pierre et Jacques à sa tête et Saül en plus (tombé de son cheval sur le chemin de Damas), tous trois aidés plus tard de Constantin et de ses armées, avaient orienté l'humanité dans la bonne direction en prêchant l'incarnation de Dieu, annoncée par les prophètes, dans un moment historique précis à Bethléem en Judée pour les avides de merveilleux, ou à Nazareth en Galilée voire à Capharnaüm ou Génésareth pour les adeptes des probabilités historiques.

Et c'est justement là que le bât blessait. On ne semblait pas avoir connu d'amélioration dans le comportement des humains depuis

l'avènement de ce Rédempteur qui avait effacé en nous la tache originelle. On s'était disputé, on avait guerroyé pour implanter le règne
de Dieu avec le goupillon d'une main et en brandissant le sabre de
l'autre, puis on avait formé des institutions hiérarchiques rigides pour
voir à la transmission du Message aux quatre coins de la terre. Avec
comme résultat qu'on s'était enlisé dans des batailles de clans et de
clocher. Le bilan, on l'a dit, n'était pas brillant.

En effet, qu'avait apporté à l'humanité l'incarnation du Fils de
Dieu (ou Fils de l'homme) envoyé pour racheter l'homme pécheur ?
En quoi et comment avait-elle accéléré la marche de l'humanité vers
la pacification et le bien ? On pouvait même se demander en quoi le
Dieu chrétien différait des autres dieux de l'Histoire ! Tel celui des
Égyptiens. Isis et Horus, son fils !

Les progrès de l'humanité marqués au cours de l'histoire de l'Église
chrétienne depuis sa fondation, semblaient l'œuvre de ses adversaires,
quasiment en dépit d'elle, pouvait-on penser. Force était de me
recentrer et de poser un regard nouveau sur tout ce qu'on m'avait
enseigné, mais en partant de mon humanité. Il me pressait de vivre
de la vie de l'esprit, mais de vivre aussi selon la chair et la matière.
Recommencer en quelque sorte ma vie tout en laissant l'hédoniste
en moi avoir gain de cause, libre de tout sentiment de culpabilité,
sans lien préétabli avec une idéologie, religieuse ou autre, de gauche
ou de droite. Vivre enfin en dehors du christianisme institutionnalisé
et de ses recettes magiques dans un monde où je jouissais du droit
inaliénable de vivre libre et heureux avec ou sans Dieu.

M'avait-on présenté l'histoire du christianisme de manière
erronée ? Certains chercheurs spécialisés dans les questions religieuses,
dont l'expertise avait été décriée par les autorités compétentes
« élues de Dieu », avaient décelé chez les Grecs, les hindous et les
Égyptiens, bien avant les chrétiens, des vierges qui enfantaient et des
Christ symboliques qu'on immolait. Ces personnages mythiques et
ces histoires de vierges et de visite des pouvoirs divins sur la terre
faisaient partie des croyances populaires au temps des évangélistes
synoptiques, disaient ces chercheurs entêtés. Ces mythes flottaient
dans l'air du temps et se répercutaient d'un caravansérail à l'autre.
Les synoptiques s'en étaient inspirés pour conférer de toutes pièces
au Christ une biographie divine particulière, mais fort peu originale
à bien des égards.

Aucun évangéliste n'avait connu le Christ sinon Jean et encore. Se pouvait-il que le christianisme de l'Église de Rome aux prises avec ses luttes intestines, ses accusations d'hérésie et ses dogmes, ait emprunté le chemin du paganisme tôt dans son histoire à l'aide de ses premiers dirigeants et de Constantin par la suite, qui y avait trouvé son profit? La question, me semblait-il, méritait qu'on la pose.

Le véritable christianisme, symbolique celui-là, selon certains de ces chercheurs qu'on avait vite marginalisés, fut pratiqué par les plus avertis des premiers chrétiens, notamment Eusèbe et Origène qui s'étaient inspirés des vieilles civilisations plusieurs fois millénaires pour interpréter autrement les récits évangéliques. On n'avait pas retenu l'originalité de leur foi. Pourtant le grand saint Paul lui-même, véritable fondateur du christianisme, avait davantage placé l'accent sur le Christ universel, mythique et symbolique, que sur la personne historique du Christ – lui non plus n'avait jamais connu le Galiléen en chair et en os –, s'affichant ainsi en rupture avec Pierre et Jacques.

L'histoire du Bouddha, disaient ces historiens que l'Église avait anathématisés, ressemblait étrangement à celle de Jésus avec les anges présents à la naissance, les rois mages venus de loin pour l'adorer et les leçons faites aux maîtres de son temps dès l'âge de huit ans. Ses adeptes s'étaient bien gardés, par contre, d'attribuer à tous ces faits merveilleux un caractère historique. Les Grecs avaient nié la spécificité historique de leurs propres hauts faits d'armes contenus dans l'épopée *Iliade* attribuée à l'aède Homère. Enfin, pour les tenants des christianismes précurseurs du nôtre, Dieu S'incarnait dans chaque être humain, ce qui semblait à ces auteurs plus raisonnable et prometteur qu'une incarnation historique dans un seul homme qui descendait directement de Dieu, égal à Lui et que l'on chercherait en vain à imiter.

En guise de préparation à mon pèlerinage au Proche et au Moyen-Orient, je lisais et méditais du lever au coucher. Je m'adressais à Dieu, engageant avec Lui un dialogue serré sur cet homme qu'Il avait créé à son image tel qu'appris dans le *Petit Catéchisme*. Ne l'avait-Il pas regretté? Comment pouvait-Il ne pas savoir que ça jurerait dans la nature, cette race humaine laissée à elle-même? Quels dégâts! Ce qui me chicotait, c'était sa grande bonté alliée à sa toute-puissance. Ça faisait toute une paire qu'Il n'avait pas su mettre à profit. Sa toute-puissance surtout. C'eût été la clef pour Le sortir de ses beaux draps si seulement Il avait choisi de s'en prévaloir. Elle Lui aurait permis de parachever en grande pompe son œuvre de création, par ailleurs parfaitement admirable. Et s'Il se fiait à l'évolution pour se disculper, n'aurait-Il pas pu s'arranger pour que les humains évoluent un peu plus rapidement et soient meilleurs un peu plus vite?

Une fois par semaine, je me rendais chez mon libraire et j'en sortais les bras pleins de bouquins sur les Églises, les religions, les luttes et les conflits religieux, ainsi que la violence insensée qu'elles engendraient et qu'elles avaient suscitée sans répit, tout au long des siècles de leur existence. Si le christianisme dogmatique à la romaine fondé, avait-on prétendu, en Galilée 2000 ans auparavant, était la planche incontournable du salut de l'homme, n'aurait-il pas mieux réussi, dans sa mission de retaper l'humanité, en la perfectionnant d'un siècle à l'autre? N'était-il pas destiné à supplanter ce paganisme cruel et sans amour qu'on nous avait appris à dénigrer, et à sauver les hommes des griffes de Satan? Après tout, son fondateur, on l'a dit, était un Dieu aux potentialités illimitées qui veillait sur cette Église contre laquelle les portes de l'enfer ne prévaudraient jamais.

Ne jugeait-on pas un arbre à ses fruits? Les Tartares avaient appris à quel point les fruits de l'Église du Christ étaient amers dans les chambres de torture. Où donc était le sens des dérives irréductibles de toutes ces religions et de leurs promoteurs de haine qui appelaient Dieu à témoin? Où était l'amour qu'on prétendait être l'assise même de la doctrine évangélique? Les religions dogmatiques et littéralistes et les dieux qu'elles adoraient et adorent toujours divisent les hommes, les empêchant d'en venir à inventer des manières de vivre ensemble plus généreuses, dans le respect et la tolérance mutuels. Constater l'existence du mal comme l'Église le faisait en se fondant sur la faute originelle était une chose. Mais trouver les moyens de le contrôler et de l'enrayer sans recourir à la crainte du personnage de Satan rôdant partout en quête de victimes, en était une autre.

Les débuts de la civilisation se situaient aux abords du Nil et de la mer Égée, et au confluent des mers Rouge et Méditerranée. L'humanité avait raison d'être fière de ses origines et on aurait pu bâtir sur les fondements que nos ancêtres grecs, égyptiens et même romains avaient jetés. Plutôt que de les suivre à la trace en peaufinant leurs manières de penser et de se comporter à la lumière des progrès de l'humanité, on avait pris le mauvais tournant en inventant l'incarnation historique d'un Dieu plutôt qu'en continuant sur la lancée mythique et symbolique des civilisations antérieures. Le sol que j'allais fouler me livrerait-il les raisons de notre égarement?

En relisant l'histoire ancienne qu'on avait déformée et en tentant ainsi de repenser ma conception du monde et de ses origines, je trouverais peut-être des pistes de réponse à mes questions ou, à tout le moins, j'espérais voir plus grand que le *Petit Catéchisme* de ma communion solennelle.

Chaque jour a apporté son lot d'expériences nouvelles au cours de mon voyage dans la Grèce antique. À mille lieues de mon habitat naturel, lors de mes visites au temple d'Apollon à Delphes, lieu où parlait l'oracle par l'entremise de la Pythie, prophétesse très respectée, et à l'autel d'Athéna Pronaia, la divinité qui protège le sanctuaire, je songeais à Socrate, Platon, Aristote, de même qu'aux idées universelles qu'ils avaient conçues bien avant l'avènement de l'Église et la naissance de saint Thomas d'Aquin, explorées, exprimées puis débattues sur la place publique sur cette terre ensoleillée où je me trouvais.

Je songeais aux réalités ontologiques qui les passionnaient, à leur spiritualité, à celle de Socrate notamment: un homme qui méritait d'être canonisé autant que Jean-Paul II ou que le frère André de l'Oratoire Saint-Joseph. Et plus tard, arrivé en Israël, je me demandai pourquoi ces peuples autrefois si glorieux vivaient aujourd'hui des tensions et la haine. Qu'était-il advenu de cette belle et éclatante Antiquité que je venais de laisser en route pour Israël et puis l'Égypte, ou encore des enseignements du Christ pendant sa vie publique? De retour en Israël, je méditai au cours de ma visite au Cénacle, au jardin des Oliviers et à l'église du Saint-Sépulcre, où dans sa petite guérite un prêtre orthodoxe tendait la main pour recueillir les aumônes des pèlerins.

Après avoir marqué d'énormes progrès et maintenant oublieuse du legs inspirant de grands penseurs de l'Histoire, l'humanité s'était enfermée dans un cycle de perpétuel recommencement, effectuant sans cesse des retours à la barbarie. L'homme des cavernes se conduisait mieux que nos bourreaux du Moyen-Orient et ceux qui les appuyaient inconditionnellement en Occident. Comme tous les humains de bonne volonté, je m'indignais du conflit entre les populations juive et palestinienne, de l'insensibilité des gouvernements autocrates de la région à l'endroit de leurs sujets, des débordements d'Israël et de leurs commanditaires, de la rétrogression graduelle de ce pays aussi bien que de la Grèce prétendument bénie des dieux, qui s'était tant targuée d'être la fondatrice de la démocratie. Comment en était-elle venue alors à se soumettre si longtemps à un règne militaire dictatorial tout en perdant irrémédiablement, semblait-il, cet appétit intellectuel et spirituel qui avait fait sa grandeur ?

L'Égypte pour sa part n'était plus qu'un lieu de momies, d'obélisques, de pyramides et de chameaux sur lesquels les touristes adoptaient la pose pour épater leurs petits-enfants à 10 dollars le cliché. Un pays en ruine dirigé par des chefs corrompus dont les Frères musulmans avaient pris le contrôle. Un puissant courant d'autodestruction embrasait la région, exacerbé par les Américains. À l'évidence, Dieu avait abandonné cette partie de l'univers qu'il avait tant choyée. Les notions de justice, d'égalité et de compassion étaient absentes des délibérations des conseils, où chacun tirait sur la couverte pour protéger qui son puits d'huile, qui sa pieuse religion de violence alors même que le Printemps arabe battait son plein.

À la pensée que le mal avait tout balayé en dépit de 2000 ans de christianisme, de ce christianisme d'Église qui avait monopolisé l'Histoire en l'aspergeant d'abominations en cours de route, je sentais et me disais que je m'étais sûrement trompé. Mes éducateurs aussi. Était bien malin, par contre, celui qui arracherait un aveu d'échec aux chefs religieux de ce monde. Notre propre pays était béni des cieux selon l'hymne national de Crémazie, comme celui des Américains. *Blessed be the Lord* et *God Bless America*! Les slogans qui fusaient de partout dispensaient les fidèles de penser et exonéraient les populations croyantes de leurs préjugés et de leurs dispositions meurtrières ou à tout le moins antichrétiennes.

On m'avait dupé, je pense, et on avait endormi en moi la quête du sens de la vie. Il m'incombait maintenant de me réveiller de ce long sommeil. Les trois religions du Livre, si elles avaient permis de grands progrès à l'humanité, ce dont de plus en plus je doutais, avaient fini par tout gâter. De retour en Israël, après ma visite de l'Égypte, planté en plein cœur de la terre promise, je n'étais plus lié par mes croyances ni par mes façons de penser antérieures. Elles me semblaient totalement périmées tout à coup. L'abcès crevait. J'étais libre de remettre tout en question, de repartir à zéro comme si je vivais au temps de ces civilisations anciennes qu'on m'avait si mal présentées. Le christianisme qu'on avait construit à partir des premiers siècles du calendrier, dans la plupart de ses manifestations, n'était plus chrétien. Des myriades d'auteurs l'avaient déjà démasqué.

Le temps était venu de me doter d'une spiritualité intérieure. Loin de me demander où mes élucubrations de mécréant et de sans-Dieu en herbe pouvaient mener, soudain je me sentais confiant en mes propres moyens sans l'appui douteux de cette institution de pouvoir qui m'avait tenu lieu de point d'ancrage, ni même le secours d'un Dieu Qui avait fait les choses tout à l'envers. Le rebelle en moi affirmait enfin sa souveraineté non seulement à l'encontre des règles stériles d'une spiritualité d'apparat que mon milieu m'avait imposées (au détriment de ma vérité propre), mais aussi à l'égard du Dieu qu'il avait, depuis sa tendre enfance, adoré.

6

LES DIVERSES FACETTES DE DIEU

Plus près de nous, l'histoire montrait que le Franco-Ontarien, comme le Québécois d'ailleurs, descendait des jansénistes qui avaient quitté Saint-Malo longtemps avant 1789. Les colons français du 17ᵉ siècle qui allaient échapper à la Révolution française n'ayant même pas connu ses précurseurs, les Montesquieu, Rousseau, Voltaire, Diderot et tutti quanti, s'étaient figés à leur arrivée au pays dans les idées moyenâgeuses de leur pays d'origine sous la pression des missionnaires et de leurs commanditaires, sans même passer par la Renaissance et encore moins par la modernité à venir.

Ces hommes d'Église et leurs successeurs avaient eu beau jeu de répandre leur christianisme à l'eau de rose dont l'abbé Charles-Émile Gadbois s'était largement inspiré pour colliger ses recueils de *La Bonne Chanson*. Et à l'époque dont je parle, c'est-à-dire entre 1970 et 1980, la Révolution tranquille n'avait pas encore frappé de plein fouet l'Ontario français qui nous avait formés.

Nous étions donc partagés entre deux périodes charnières, la première qui nous avait vus grandir puis l'autre qui nous avait connus adultes, exerçant nos métiers et professions : les années 1930 à 1940 d'une part, et de l'autre, les années 1960 à 1970. Héritier des deux à la fois, le Franco-Ontarien, au gré de son âge, oscillait en cette fin de 20ᵉ siècle entre l'une et l'autre, ne sachant où faire son lit.

Cette peur de plonger en moi-même me venait des deux ou trois décennies qui avaient suivi la reprise économique après le grand krach de 1929 – j'avais vu le jour peu avant cette année-là –, l'introspection n'étant pas encouragée en ces temps de grande emprise au cours desquels les clercs régnaient sur les mentalités. Ils détenaient la vérité absolue et, par l'effet de pressions osmotiques irrésistibles, le petit peuple de mineurs et de travailleurs en forêt dont j'étais, la partageait sans poser de questions. Et puis, j'héritais des années 1960 à 1970, qui avaient pris le relais, le goût tenaillant d'une liberté totale et illimitée, à l'instar des manifestants de mai 1968 en France ou des hippies de la même période, contre la guerre du Vietnam, sur le campus de Berkeley en Californie.

En effet, j'avais lu les rapports policiers et journalistiques sur le grabuge de 1968 lors de la Convention nationale démocrate de Chicago ainsi que le compte rendu du procès des huit leaders inculpés, les applaudissant secrètement contre le juge d'instruction, tout en faisant partie moi-même du système judiciaire. Je m'intéressais, tentant de les comprendre, aux auteurs qui défiaient l'autorité. Je pense à Pierre Vallières et son célèbre *Nègres blancs d'Amérique*, au Frère Un Tel, à Hubert Aquin ou encore au Trudeau d'avant son accession au pouvoir, et à tant d'autres. On ne se rebellait pas sans raison partout dans le monde, on en avait eu assez des usurpateurs parlant au nom de Dieu et de l'autorité civile réactionnaire qu'Il sanctionnait supposément.

Avant même de m'affranchir des liens avec Rome et sa morale étriquée alors que j'exprimais déjà, et de plus en plus ouvertement, mes nouvelles orientations, je m'étais risqué plusieurs fois, toujours en douceur et sans fanfare, à la révolte contre les institutions auxquelles la société était soumise, voire contre Dieu même. Mes efforts étaient très timides au départ, comme si c'était faute grave de penser sans retenue. Je finissais donc toujours par me réinstaller dans les bonnes vieilles habitudes qui avaient si longtemps assuré la tranquillité trompeuse de mon esprit et le bonheur apparent de ma vie étale.

Et puis, après avoir enfin rompu avec mon Église, j'avais peu à peu pris du galon pour m'appliquer de façon sérieuse à me défaire de ce Dieu pour le moins intrigant, dont je m'étais pris si souvent à douter de l'existence. Or j'avais fait un prodigieux bond en avant à mille lieues de mon domicile, vivant une sorte de chemin de Damas à l'envers, c'est-à-dire causé par les finasseries de Satan plutôt que par le bras de Dieu, épris d'un violent besoin d'engueuler Dieu. Autrement dit, j'en voulais à Dieu, ne sachant trop pourquoi, comme j'en avais voulu à son Église ; et j'insistais pour le Lui dire. Mais pourquoi cette sourde colère contre mon créateur puisqu'Il n'était pour rien dans mes déchirements intérieurs ?

Mon hostilité envers Dieu m'intriguait. Si au cours de ce voyage au Moyen-Orient j'étais plongé à pieds joints dans la transcendance, la réalité d'une présence supérieure aurait dû s'imposer. Il fallait alors que ce fût le Dieu des chrétiens qui me causât des ennuis, celui que mon Église avait défini et défendu. Si on m'avait légué un Dieu plus convenable, que serait-il advenu de mes questionnements? Auraient-ils même pris racine? Je trouvais impossible de concilier la foi en Dieu que j'avais reçue avec le déroulement insensé de l'histoire de l'humanité, de la faire cadrer avec la mentalité de la plupart des chefs politiques du monde contemporain – sauf pour une poignée d'hommes politiques d'exception –, de ces grands maîtres du monde qui, contrairement à leurs discours sur la place publique, dans la réalité de tous les jours et tout en criant haut et fort leur foi en Dieu, faisaient fi du sort des humains qu'ils avaient promis de servir.

Le temps était venu de passer à l'action, en m'attaquant au vieux problème du mal et à celui de la liberté humaine avec mes propres moyens, si modestes fussent-ils, en dehors de la tradition chrétienne orthodoxe et même de ma culture franco-ontarienne, et en revoyant mes notions de Dieu de fond en comble.

Je n'étais pas le seul à constater l'échec du royaume des hommes. Si j'étais plus pessimiste que la moyenne des gens autour de moi, je n'inventais rien. Non plus était-ce la première fois que je m'apitoyais sur le sort de l'humanité, pour ensuite m'interroger sur la question du sens et du non-sens qui en découlait et en était informée. Mais si je n'en étais pas à mes premières interrogations sur le sens du monde quel que soit le repère culturel à partir duquel je procédais, l'anglais ou le français ou les deux à la fois, et si tout semblait avoir été dit et écrit sur le sujet, avait-on vraiment répondu à ma question? Le pouvait-on? Étais-je moi-même plus avancé pour m'être si souvent enquis du pourquoi de l'existence face à ce mal envahisseur, radical et sans répit, dont était frappée l'humanité? Les réponses à mes questions m'échappaient comme elles avaient échappé aux intellectuels de tous les temps. Les questions demandaient donc forcément des réponses qui ne venaient pas de mon intellect agent (trouvaille des thomistes) ni de celui des autres, mais à partir des profondeurs de mon for intérieur, là où logeait mon humanité et peut-être Dieu. Elles ne pouvaient venir d'ailleurs.

⁊⁌

Les deux mois que j'avais prévus pour mon expérience dans le berceau de l'humanité dite civilisée s'étaient écoulés à la rapidité de l'éclair. Le temps était venu de retourner au pays. Et je m'étais demandé si, au fond, ma visite dans ce vieux coin du monde avait résolu la moindre de mes questions sur l'existence de Dieu et le sens de la vie. Le jour d'avant mon départ, sur le point de confronter Dieu encore une fois et de Lui donner son congé s'Il le méritait, je m'étais ravisé à nouveau et j'avais reculé devant l'énormité de la tâche.

J'allais donc rentrer chez moi bredouille. Je m'entretiendrais avec ma famille et quelques amis que j'allais retrouver dans quelques jours. Le train de vie auquel je m'étais habitué allait reprendre. Il y aurait baptêmes, funérailles, concerts et rencontres au cours desquelles mon entourage n'abordait que rarement les questions de sens et d'existence, un peu comme on évitait les questions constitutionnelles à Ottawa – vivant sans le choc des idées si essentiel au bien-être des humains et au mieux-être de la démocratie – sauf toujours pour s'en remettre à Dieu, peu importe la constitution qu'on Lui attribuait, et pour déblatérer contre les syndicats sources de tous les maux économiques, contre les immigrants qui volaient nos jobs et les bénéficiaires de l'aide sociale qui vivaient au crochet des autres, ou pour décrier les attitudes méprisantes des Québécois à l'endroit des francophones hors Québec ou encore pour pester contre les «séparatisses». Où donc étaient l'ouverture d'esprit, la solidarité et la fraternité dans les rapports humains? La croyance en Dieu n'aurait-elle pas dû inspirer les hommes à mieux se comporter?

J'en étais même venu à ne plus savoir quoi penser de ma propre vie, de la vie tout court, ni quoi en faire. Devant transiger avec les travers irréductibles et irréconciliables, impuissant à les redresser, piétinant devant mes interrogations sans fin, je songeais à fermer boutique, à «paqueter» le reste de mes affaires et partir avec ma femme en permanence vers quelque plage envoûtante, comme celle où j'avais souvent passé le plus rigoureux des hivers. Et là, en retrait du monde, seul devant l'immensité de la mer, rempli de gratitude pour le seul don de l'être, je me voyais admirant chaque matin le lever du soleil et me prêtant à la méditation sur «mes fins dernières».

Je me jetais tour à tour dans la lecture et les culbutes dans les vagues, et le soir, contemplant le même cercle orangé au couchant, les paupières lourdes, le corps rompu de fatigue, je sombrais dans un sommeil tranquille et profond. Et je me soumettais quotidiennement à ce rituel en attente de ma fin ultime, ou de la fin des temps, sans plus jamais avoir à contempler ou à subir la méchanceté humaine, ni à composer avec mes propres faiblesses, ni à m'interroger sans fin sur le sens de ce mal foutu d'Univers. Était-ce vraiment Dieu Qui faisait problème ou les hommes toujours à la poursuite de mirages ? On employait Dieu à toutes les sauces. Qui donc était ce Dieu Qui parsemait tous les discours ? De Qui ou de quoi parlait-on enfin quand on disait Dieu ?

Ce matin-là, juste avant mon départ de Tel-Aviv, alors que je me baladais au bord de la mer à proximité de mon hôtel, pataugeant dans l'inexprimable notion de Dieu, il me vint à l'esprit de nouveau que je ne pouvais trancher mon différend avec Dieu sans justement préciser ce qu'il fallait entendre par Dieu. N'être qu'un simple agnostique ne me convenait plus. Je me devais de pousser plus loin et de dissiper le flou qu'on entretenait autour des définitions de Dieu.

Le mot Dieu en soi ne voulait rien dire et tout dire pour mes parents, mes proches et mon Église. La nécessité s'imposait d'aller au-delà du rejet de ce Dieu de mon enfance, du Dieu de mes parents et de mon Église, du mot Dieu. J'avais entrevu le problème sans jamais l'affronter, me rendant compte qu'on ne pouvait connaître la vraie nature d'un objet divin quand on était humain. Mais je devais maintenant essayer d'y travailler, car le fardeau de la preuve m'appartenait.

Mettant cartes sur table, je me dis d'abord que le Dieu auquel je voulais dire non, cet adversaire incontournable que je dénigrais, n'était pas Dieu du tout – c'était un Être inventé, acquis par le processus de socialisation. Il était un Dieu de religion qui m'avait empêché d'accéder au vrai Dieu, s'Il existait. Il fallait évidemment faire table rase d'un tel Dieu avant de s'engager dans la recherche de Dieu puisque ce même Dieu n'avait jamais existé. Mais je ne saurais m'arrêter là. Pour chercher Dieu, après s'être défait du dieu traditionnel qu'on avait adoré et tenu pour certain, on procédait ensuite à nier tous les autres Dieux s'il y en avait. Cette conviction, aussi paradoxale qu'elle le semble, selon laquelle je devais faire table rase de Dieu pour Le chercher, m'animait depuis des lustres. Elle me paraissait essentielle à la quête de Dieu. Elle consistait dans un premier temps à mettre de côté tous mes partis pris et toutes mes croyances passées, à me vider le cerveau de tout ce qu'on y avait « imprimé » au nom de la foi, ce don gratuit de Dieu, sinon je présupposais l'existence de Celui que je remettais en question, c'est-à-dire que j'admettais a priori ce que je cherchais à nier ou à m'approprier.

On se disait donc que Dieu n'existait pas, tentant par la suite d'accueillir cette inexistence et de l'accepter comme une donnée. Ne se livrait pas qui voulait aux acrobaties intellectuelles que demandait le renvoi de Dieu. Il était facile de se leurrer en pareille matière. Garder les choses simples, tel était le défi. Quel serait alors, une fois écartée toute notion de Dieu, l'objet de cette nouvelle recherche de Dieu ? S'Il n'était pas le Dieu de mon enfance et de ma jeunesse, Qui donc était-Il ? Quelles formes Dieu pouvait-Il prendre dans notre tête lorsque, après avoir éliminé le Dieu de notre enfance, on se mettait à sa recherche ? Il fallait le préciser, sans quoi l'enquête ne pouvait même pas démarrer.

Un pourcentage important d'humains acceptait donc de se soumettre au Dieu qui dirigeait la parade, c'est-à-dire au Dieu tyrannique de mon enfance, celui de l'Ancien Testament. Il était le même au fond que Celui des évangélistes de théâtre qui en faisaient une carrière richement rétribuée, Celui des chefs fous de Dieu qui en bourraient le crâne de ceux qu'ils envoyaient au martyre. Mais si ce Dieu-là n'existait pas, pourquoi une proportion appréciable d'êtres humains sur la terre, des personnes ordinaires, intelligentes même, et d'éducation moyenne voire avancée, s'y accrochaient-ils ? Comme moi, peut-être n'en connaissaient-ils pas d'autres ? Ou encore les aidait-Il à vivre ? S'il n'était pas possible pour moi de m'accommoder d'un tel Dieu, je n'osais m'imaginer qu'il n'y en ait pas un autre, même si je posais en principe la possibilité pure et simple de son inexistence.

Dès que je lorgnais cet athéisme plus ou moins mitigé et intrigant que j'embrassais d'emblée aux fins de ma recherche, je frissonnais d'excitation à l'idée, moi simple humain, de me mesurer à Dieu. Pourtant, la tentation de déchanter aussitôt rôdait car l'absence de Dieu me grisait et me déboussolait tout à la fois, m'incitant à me représenter Dieu autrement plutôt qu'à me radicaliser ; à substituer au Dieu de mon enfance, c'est-à-dire à Celui qui n'existait pas, un autre Dieu, ou à faire intervenir le même Dieu d'une autre façon plutôt qu'à refuser tous les dieux imaginables, même ceux je n'avais pu concevoir.

Devait-on alors essayer de se représenter un Dieu plus alambiqué, plus recherché que ce Dieu dont on abusait tant dans les religions de dogmes et de structures, et qui avait été le mien et Celui de mes proches? Moins un Dieu à Qui on disait merci pour une faveur obtenue, à Qui on demandait de l'aide dans ses difficultés, à Qui on demandait le pardon avec la promesse de ne plus recommencer et Que l'on sommait de ne pas venir tout de suite mettre fin à son voyage terrestre; moins donc ce genre de Dieu qu'un Dieu présent sans l'être, Qui existait tout en n'apparaissant pas? Tantôt c'était mon cœur qui parlait et tantôt ma raison, le premier encore un peu croyant et la deuxième sur le point de rejeter Dieu sans réserve.

La croyance en un Dieu personnalisé à l'image de l'homme n'était pas pour autant condamnable, tellement il était difficile de se Le représenter autrement et tellement Il était ancré dans la faveur populaire. Plusieurs grands hommes de foi qui avaient pris la vedette dans l'histoire religieuse avaient cru en un tel Dieu: Paul, Augustin, Luther, Calvin, Karol Józef Wojtyła (Jean-Paul II); ensuite mes parents, mes éducateurs, mes frères et sœurs et combien d'autres? On L'avait vu aussi comme une bonté, une transcendance bienveillante et un Être cosmique, se risquaient à dire certains grands hommes comme Einstein, inspirant les êtres de leur intérieur sans porter atteinte à leur liberté. Plusieurs d'entre eux lui concédaient un pouvoir général d'agir sans qu'Il devienne pour autant la Providence magique que les humains invoquaient à tout moment pour se dédouaner de leurs insuffisances. Car à défaut d'un certain pouvoir d'influencer l'humain, ça ne servait à rien d'être Dieu.

Que valait un Dieu impuissant Qui non seulement reculait devant la liberté de l'homme, ce qui L'honorait, mais Qui s'effaçait au point de n'être pour rien dans le déroulement du monde et le salut de ses habitants? S'Il n'était d'aucune utilité, s'Il ne comptait pour rien, Il n'existait pas. Mais si un certain Dieu plus sophistiqué que Celui qu'on m'avait imposé avait le pouvoir d'intervenir non pas dans les cas particuliers qui Lui étaient soumis quotidiennement, mais dans un grand plan d'ensemble, ne fût-ce qu'indirectement ou en vertu du processus d'évolution qu'Il avait mis en place? Ou même s'Il était un Dieu Qui possédait le pouvoir d'agir avec spécificité dans des cas d'exception en ayant recours aux agents terrestres qu'Il utilisait en leur insufflant des accents conjoncturels de générosité et d'amour du prochain? Il ne restait alors qu'à Lui demander ce qu'Il attendait pour se manifester.

Je voyais bien que dès qu'on cherchait à s'éloigner du Dieu Qui avait donné les tables de la Loi à Moïse ou un parchemin leur ressemblant, et terrassé Paul sur la route de Damas symboliquement ou autrement, investi Jeanne d'Arc de sa mission (et quoi encore?), on se mettait à débiter des puérilités tout en se posant sur Lui des questions sans réponse. Pourquoi, par exemple, n'était-Il pas intervenu dans l'histoire quand les hommes se livraient à des tueries sans nom, afin de les en détourner et d'ainsi garder l'humanité sur la bonne voie? Ce qu'Il n'avait pas fait et négligeait ou refusait toujours de faire. Son incarnation était un fiasco, seule restant la peine à considérer. Il fallait en imposer une, car après tout, quand on ratait aussi misérablement son coup, on devait accepter d'en payer le prix. Il pouvait se retirer, par exemple, et céder sa place ou disparaître de la scène sans encombrer l'humanité d'un successeur.

En revanche, je connaissais la prétention des apologistes du christianisme – celui qui avait fait du Christ un Dieu – que les hommes lui devaient les Lumières (même si Voltaire s'en défendrait) ainsi que toutes les Déclarations universelles des droits de l'homme. Soit, mais à quoi servaient ces grandes déclarations solennelles si on les bafouait impunément au nom du progrès et de la sécurité? Je pensais par moments que le christianisme à la romaine n'avait en fin de compte suscité rien qui vaille.

Pour revenir au Dieu Qu'on nous avait présenté sous une forme ou sous une autre, toujours muni du pouvoir d'intervenir d'une manière inconnue des hommes, cet Être-là n'était donc pas convaincant. Intervenait-Il, oui ou non? Si oui, Il arrêtait des choix désastreux pour l'avenir de l'humanité. Son comportement avait été cruel et arbitraire – les exemples pullulaient – à partir de la création, puis durant les siècles du christianisme et jusqu'aux temps modernes. Quand je le Lui reprochais, on me rétorquait que c'était l'homme qui avait contraint Dieu à être sévère ou à S'absenter, à Se cacher le visage si l'on veut. Dieu S'était trompé après avoir parié, au moment de la création, que l'homme se conduirait bien. Dieu avait dû sévir lorsqu'Il vit qu'il ne remporterait pas son pari. Mais pourquoi donc avoir créé l'homme libre de choisir le mal s'Il savait qu'il pécherait toujours ? Un Dieu qui se trompait perdait de sa popularité et de son pouvoir d'attraction.

Le Grand Livre parlait de Dieu, mais ses auteurs s'étaient bien peu souciés de la crédibilité des caractéristiques qu'ils Lui attribuaient. L'amour, entre autres, n'entrait pas souvent en ligne de compte. Loin de le présenter à l'enseigne de l'amour, ils n'avaient fait qu'ensorceler leurs lecteurs et exciter leur imagination au moyen d'épisodes amusants qui nourrissaient les contes pour enfants, mais qui Le rendaient parfois odieux à l'endroit de son peuple choisi comme à l'endroit du reste de l'humanité. On n'avait qu'à penser à la privation du Paradis terrestre pour une misérable pomme, au Déluge, à Sodome et Gomorrhe ou à l'ordre donné à Abraham de tuer son fils Isaac. Ou à l'opprobre dont Il avait accablé Job afin de remporter contre Satan le pari que la victime poussée au bout de ses retranchements demeurerait loyale. Sans compter que le choix d'un peuple plutôt que d'un autre constituait pour un Dieu une action divine problématique et arbitraire. Pourquoi ne pas avoir choisi les Cananéens ? Or le peuple s'était lui-même choisi l'élu de Dieu et on aurait dit pour toujours. L'Américain le faisait tout autant que le Juif de la Bible, mais sans grand succès, car Il était déjà sur son déclin et en train de disparaître des pages de l'Histoire si on en jugeait par le comportement inhumain d'une bonne part des citoyens.

Le Dieu de la Bible recueillait un fort consensus chez les auteurs qui avaient traité de Dieu et analysé les faits et gestes ainsi que les textes des chrétiens des deux premiers siècles de l'histoire du christianisme. Mais on s'était querellé sans merci dans tous les coins du monde civilisé sur sa véritable nature pour enfin trancher par la voix infaillible d'une autorité suprême. « Au commencement, Dieu créa [...] » Et avant ? Rien. Dieu était né avec l'homme, rien sur Lui pendant tout le temps qu'Il se promenait seul dans son ciel sans fin, en butte à des accès d'ennui insupportables Le poussant à mijoter des plans de création pour avoir de la compagnie, pour Se donner un miroir comme certains disaient, pour S'examiner et Se rassurer sur son existence. « Au commencement était le Verbe », relate l'Évangile selon saint Jean. Voilà tout. Une affaire de grammaire ! Une question de parole ou de verbe! Un Dieu sans témoin pouvait-Il, d'ailleurs, exister? C'est-à-dire en dehors de la création, en dehors de l'homme, voire en dehors des univers?

Est-ce à dire que le temps et l'espace avaient toujours été? Ou fallait-il qu'il y eût un commencement sans passé qui le précédât? Pouvait-on seulement concevoir qu'il y ait eu quelque chose avant et en dehors des univers? Avant l'avant, pour ainsi dire! Une réalité quelconque sans suite d'événements, sans mouvement par en avant? Une espèce de point mort ineffable qui précédait le temps? Le temps n'existait évidemment pas avant le temps, et donc le mouvement et la vie non plus. C'était le rien et le vide. Dieu pouvait-Il y habiter? Le néant était deux fois rien. Mais le temps, ne pouvait-il pas s'étendre à l'infini dans les deux directions, en aval comme en amont du Big Bang? À la vitesse de la lumière, l'homme prendrait un siècle pour se rendre à la constellation du Centaure, dont l'étoile alpha (*Rigil Kentarus*) est réputée pour être la plus rapprochée de la Terre, après le Soleil. Elle n'était pas longue, l'histoire de l'humanité, en regard de l'étendue et de l'âge de l'Univers, et moins longue encore, en regard de l'éternité ou de l'infinité des temps!

Qu'advint-il de l'Univers avant l'arrivée de l'homme? L'homme de Cro-Magnon, l'Homo sapiens ou, remontant plus loin encore, l'Homo Afrikensis, l'Homo erectus ou n'importe lequel descendant d'un seul filon ou de plusieurs, ou de tous les autres qu'on découvrait dans les sites archéologiques, et par la suite l'homme d'aujourd'hui, avaient-ils toujours existé en puissance dans la matière et dans l'Univers, avant comme après le Big Bang? Et en qui ou en quoi résidait cette puissance? Comment faire pour aller au-delà du Big Bang?

On avait besoin d'un passeur pour aller d'une rive à l'autre, comme dans la philosophie bouddhiste. Par la foi, disaient les croyants. C'était la foi qui faisait office de passeur. Or les questions que posait la foi étaient plus nombreuses et plus complexes encore que celles que suscitait son absence, dont la plus fondamentale: Dieu existait-Il ou n'était-Il qu'une pure invention de l'homme? Plusieurs croyaient de plus en plus à la deuxième hypothèse.

Était-ce seulement les origines qui interpellaient les humains? Qu'en était-il de l'avenir? Quelque forme de vie intelligente semblable à l'homme existerait-elle toujours lorsque la Terre aurait disparu avec son soleil, dans un système planétaire différent, mais à l'intérieur du temps et de l'espace? Cela signifierait que la fin du monde suivie de l'éternité l'instant d'après, était une belle fumisterie. L'éternité serait contenue dans le temps plutôt que venant après ou existant avant? Elle serait maintenant, ni dans le moment d'après ni dans celui d'avant, mais tout entière contenue dans l'instant présent. J'en avais le vertige. C'était à y perdre son latin.

Comment, en effet, penser intelligemment la matière et les corps et les âmes des personnes, divines ou autres, en dehors du temps et de l'espace? Les géants de l'histoire du christianisme tels Origène, Justin et Tertullien s'y étaient essayés, mais on leur avait cloué le bec. L'Église naissante avait pourtant cédé et elle avait fini par incorporer Platon et Aristote dans sa théologie chancelante en pleine ébullition.

Si j'avais toujours voulu être philosophe, je me félicitais de ne pas l'être devant les problèmes qui se présentaient dans ma recherche de Dieu. On m'avait enseigné d'ailleurs que la philosophie, la métaphysique surtout, n'avait jamais été le chemin qui menait à Dieu; elle en éloignait ceux qui s'y adonnaient. Pourquoi était-ce toujours les gens instruits qui s'interrogeaient sur Dieu? avait lancé un curé en présence de ma mère qui l'avait appuyé en me regardant de travers. « Heureux les creux », nous répétait-elle souvent! « Le royaume des cieux est à eux. » C'était dangereux pour la foi d'être rationnel. C'était par la foi aveugle qu'on assurait l'avenir de l'humanité et le bonheur des hommes, avait-elle cru, sans penser aux énormes conséquences d'une telle crédulité. Ben Laden – qu'elle n'a pas connu – et al-Qaïda ainsi que la politique naïve des créationnistes américains, tout comme celle des Stockwell Day canadiens, voilà ou conduisait l'ignorance et la croyance en un Dieu fixe, éternel, maître du ciel et de la terre Qui avait créé Adam et Ève de toutes pièces, de Qui on dépendait et Qui se situait toujours du côté de l'Autorité, toutes autorités confondues auxquelles on devait respect et obéissance. Vive les Conservateurs du Tea Party et de l'Alliance!

L'intelligence n'aurait constitué alors chez l'homme qu'un accessoire d'une totale inutilité, créé par Dieu cependant; comme l'appendice à l'extrémité du sternum que l'homme faisait passer au bistouri quand il crevait. Quelle effroyable injure de la part du croyant à jeter au visage du Créateur! Pour ma part, la vertu ne consistait pas à me réfugier aveuglément dans la foi, mais à essayer de la comprendre, de l'expliquer, de la justifier sans faire allègrement fi des facultés dont la nature m'avait fait don.

Les partisans de la scolastique et de nombreux autres penseurs, comme Pascal, Kant et Descartes, avaient tout fait pour convaincre l'humanité qu'on pouvait prouver l'existence de Dieu, soit par l'œuf et la poule, soit par le programme et son programmeur, ou encore par l'horloge produit d'un horloger : *Hic autem non est procedere in infinitum* («Or on ne peut ainsi continuer à l'infini»). L'argument était fort, pensait-on dans les classes d'apologétique, puisqu'il nous parvenait en latin avec toute l'autorité de la Somme théologique de saint Thomas d'Aquin. En fait, l'existence de Dieu n'était pas prouvable, car on pouvait procéder à l'infini, rien ne nous en empêchait. S'Il existait, Il n'était ni poule, ni horloger, ni programmeur. Les adeptes de la scolastique avaient failli à la tâche, la raison pouvant tout aussi bien conclure qu'il n'y avait pas de Dieu, qu'affirmer qu'il y en avait un. À preuve, les nombreux témoignages autant d'athées surdoués et honnêtes qui ne croyaient pas en Dieu que de croyants également brillants et sincères, qui se réfugiaient dans la foi.

L'achoppement était justement là où l'on prétendait avoir prouvé irréfutablement par la raison que Dieu existait. Quand j'eus compris que les preuves étaient des leurres, je m'étais mis à rentrer en moi-même à la recherche d'un Dieu nouveau Qui cadrerait avec mon cheminement sans être un Dieu de la seule raison. Ce Dieu de la scolastique Qui m'avait créé à son image ne m'édifiait plus. Mais si je savais maintenant qu'un tel Dieu n'existait pas, je voulais quand même continuer de croire en l'existence d'un autre Dieu, d'un Dieu tout nouveau et surtout sans aucun lien de parenté avec Celui d'avant. Mais la tâche de Le trouver ou même de sentir intuitivement sa présence n'était pas facile.

Ma foi, avouons-le, comme celle du plus grand nombre en avait été une de la nature d'un pot-pourri où se mêlaient peur, habitude et répétitions et bien d'autres choses. C'était une drôle de foi, puisqu'elle tendait à s'évaporer pour peu que je m'y attarde et en fasse l'analyse la plus élémentaire. Pourquoi y tenir tant ? Une telle foi ne pouvait que m'empêcher de me réaliser. La rejeter, par contre, ne signifiait pas que j'étais prêt à conclure à l'inexistence pure et simple de Dieu. Alors, par quel bout commencer ? Ma tête me disait que peut-être Dieu n'existait même pas alors que toutes les fibres de mon être refusaient de lâcher prise.

Ceux qui savaient que Dieu existait ne m'émouvaient plus. Comment le savaient-ils ? Par la foi, disaient-ils, la foi en un Dieu personnel à Qui on s'adressait comme à un proche ou à une connaissance. Une telle conception de Dieu était plus rassurante que convaincante. Comment d'ailleurs expliquer, en supposant qu'une telle foi soit raisonnable et digne de l'homme, que ces gens de savoir aient eu le don de cette foi et qu'à moi, on l'ait refusée ou retirée après me l'avoir donnée ? Je valais autant qu'eux. Le pourvoyeur de cette foi serait donc un Dieu injuste et surtout arbitraire.

Je penchais du côté de l'existence de Dieu parce que je préférais qu'il y eût un Dieu pour assurer ma légitimité et le sens de l'Univers. Seul le philosophe, certains d'entre eux à tout le moins, pouvait se permettre de trouver l'inexistence de Dieu plus probable que son existence ou l'inverse et s'en contenter. Pour ma part, je m'inscrivais toujours du côté de l'existence de Dieu, tout en doutant de cette même existence. La plupart du temps au réveil, quand j'essayais de penser à Dieu, je m'avouais tout simplement n'y rien comprendre et par surcroît je me disais perdre un temps précieux à ratiociner. La question intéressait peu de gens, comme l'étranger de Camus par exemple qui s'en balançait, non plus qu'un grand nombre de mes connaissances qui n'avaient jamais lu Camus. Avaient-ils raison ? Pourquoi donc l'existence de Dieu me taraudait-elle tant alors qu'elle laissait tant d'autres indifférents ?

Si provisoirement je croyais que Dieu existait sans savoir comment Il existait, je ne pouvais plus le concevoir comme un être à part du monde réel ni à part des autres humains. Il passait par mon humanité d'abord, par la nature, par mes relations, par tout ce qui m'entourait, par ceux qui m'aimaient ou même ceux qui me voulaient du tort, par les institutions, par mon Église d'antan. Ce même Dieu était immanent, faisant partie de l'Univers, ou n'était pas du tout. Voilà le genre de Dieu qui me rejoignait. Je ne pouvais plus L'imaginer en dehors du temps et de l'espace. Rien n'existait en dehors de l'Univers, en dehors des autres univers s'il y en avait plus d'un. Pas même Dieu.

S'il en était ainsi, si toutes les tentatives de Le cerner étaient futiles, pourquoi ne pas tout simplement L'éliminer de ma vie ? Le temps venu de Le larguer ou de cesser de m'En préoccuper, je reculais, sans doute incapable de vivre sans Lui parce que hors d'état de me réconcilier avec ma finitude. Non plus me sentais-je disposé à quitter ce monde quand mon heure aurait sonné, hanté par le spectre de mon anéantissement total. Deux «instants-néant» à chaque bout du cycle, celui d'avant ma conception et celui qui survenait dès que je rendais l'âme, l'entre-deux à peine plus pertinent que la vie d'une rose qui se fane en 24 heures ou celle d'un chien qui agite la queue quand il est content.

Au fond j'étais incapable de vivre sans béquilles comme la grande majorité des humains. La croyance en Dieu n'était-elle qu'une peur de vivre et un refus de s'assumer, rien de plus? Triste Dieu s'il en était ainsi. Quels pleutres que les humains! Ou peut-être au contraire étaient-ils remplis de sagesse, ayant d'instinct compris la nécessité de l'existence de Dieu. Tout mon être, ma raison, mon cœur et mon sens commun me criaient de rejeter Dieu. Je ne voulais pas d'un Dieu pour parer à ma faiblesse. Et pourtant, comme tous ces pleutres et pour les mêmes raisons qu'eux sans doute, je résistais, conscient qu'il me restait plusieurs étapes à franchir avant de régler son compte à Dieu telle mon humanité à découvrir, ou l'amour et la haine des hommes à confronter.

D'où venait qu'on ne s'aimait pas? Dès lors qu'on arrivait à se nourrir et à bien vivre, pourquoi haïr les autres? Quelles en étaient les causes? La race, le dogme, l'idéologie? Avec ou sans Dieu, les hommes ne vivaient pas d'amour. Était-il concevable qu'on puisse être croyant sans aimer? Qu'on puisse aimer véritablement et ne pas croire en Dieu?

7

L'AMOUR

JE GARDAIS MES PROCHES À L'ÉCART de ma transformation, car j'avais l'impression qu'il manquait quelques maillons à ma chaîne, d'autres aspects de ma personne à étudier. Inutile de les importuner alors que mes incertitudes s'intensifiaient et que mes esquives se multipliaient. J'avais beau me piquer de liberté, toujours aux prises avec mes préjugés et mes antécédents, je ne m'étais livré qu'à moitié ; mon intimité, chasse bien gardée. Qu'y avait-il au fond de moi que je dérobais au regard des autres ? Ma recherche de Dieu et du sens ne serait-elle qu'un écran de fumée ou un vaste faux-fuyant pour éviter de me mettre à nu vis-à-vis de moi-même et des autres ? Quelle place prenaient ces autres dans ma vie ?

Étais-je d'abord un individu doué de la faculté de penser qui s'associait ensuite aux autres ou était-ce plutôt l'inverse ? Il m'apparaissait évident que la définition de mon être provenait d'abord de ma relation à mon milieu, à mon entourage physique et humain, à ma culture, à mon état minoritaire franco-ontarien. Bref, j'étais un être relationnel qui peu à peu se bâtissait au gré de ses expériences de vie en lien avec les autres. Bien sûr, il n'est pas question de l'Émile de Jean-Jacques Rousseau vivant seul en forêt loin de la société corrompue (dans *Émile ou de l'éducation*).

Alors que j'avais reconnu la présence en moi de cette culture à laquelle je carburais et contribuais, j'avais évacué de ma recherche mon lien, ma relation avec mes proches, mes amis, mes connaissances, mon souci de l'Autre et ma solidarité avec les miens. Cela expliquait que mes efforts n'aient pas porté fruit, que ma recherche ait stagné et qu'elle ait ensuite bifurqué vers la négation de tout sens à l'Univers.

J'avais réprouvé ma foi parce qu'elle était culturelle sans me rendre compte que la foi l'était toujours en partie! Je ne saurais entreprendre seul le chemin de ma libération. On ne se sauvait pas seul, la rédemption étant aussi une affaire collective. Bref, il fallait se tourner vers autrui pour se connaître et grandir, aimer pour se libérer, exister et croire.

Toute relation humaine bien ordonnée était fondée sur l'amour, l'amour seul, qu'il s'agisse d'amour maternel, paternel ou fraternel, de l'amour humaniste pour ses amis et ses proches, de l'amour conjugal ou patriotique, ou d'une passion commune pour l'art, les sciences ou les sports. Pourtant l'Église de mon enfance, comme toutes les Églises à base dogmatique par leurs pratiques et comportements, mettait l'accent sur l'individu au détriment du besoin fondamental et incontournable de l'être humain de sa relation au monde et aux autres. Elle prétendait le contraire, mais personne n'était dupe. Chez elle, comme chez moi à cause d'elle, le dogme et l'idéologie avaient primé, au sacrifice même de l'amour.

Je retenais des Évangiles que Dieu, s'Il existait, ne pouvait Se définir que par la parabole du bon Samaritain et la rencontre du Christ avec la Samaritaine. Inutile de chercher ailleurs le sens des Évangiles. Des épîtres de Saint Paul, je tenais pour indiscutable que la plus grande vertu était la charité, tout le reste de sa prédication pouvant être renvoyé aux calendes grecques. D'où venait donc qu'on puisse croire en un Dieu d'oppression, d'exclusion, de punition, d'étroitesse d'esprit ou d'intolérance?

On disait qu'il fallait aimer Dieu et son prochain pour l'amour de Dieu, mettant ainsi la charrue devant les bœufs. Le prochain aurait dû venir en premier. Comment aimer Dieu sans d'abord aimer son prochain? On nous avait assez chanté d'aimer son prochain comme soi-même. Les écrits ne tarissaient pas: sans la charité, je n'étais qu'une cymbale retentissante. Mais la charité voulait dire d'abord, selon l'Église, l'amour de Dieu, alors qu'elle aurait dû non seulement commencer par l'amour du prochain, mais encore finir avec lui.

Comment pouvais-je aimer Dieu sans passer par mon prochain? On m'avait proposé l'homme-Dieu en guise de pont ou de trait d'union à la faveur de qui l'homme était en mesure de se rendre à Dieu. Or j'avais peiné à me reconnaître dans le monde de l'incarnation. Tout en acceptant qu'il faille Le faire descendre de son trône, j'avais préféré L'humaniser en passant par mon prochain, sans quoi Dieu n'était plus qu'un agglomérat de définitions, de jeux d'imagination et de concepts, de babillage théologique, sans aucun lien avec la réalité humaine.

En véritable égoïste, j'avais consacré ma vie entière à mon salut personnel. J'avais relégué l'amour au rang des choses entendues que je ne questionnais pas. Dans les prières du matin, je battais ma coulpe en protestant de mon amour pour Dieu, puis je me balançais de l'amour des autres jusqu'à la fin du jour. On m'avait enseigné l'amour de Dieu par le dogme en pensant que l'amour vrai suivrait.

❧

À qui ou à quoi pensais-je, enfant ou jeune adolescent, quand je me questionnais sur l'amour? À mes parents et à mes frères et sœurs, à mes amis, à ma conjointe du moment, au *Petit Catéchisme* également («aime Dieu de tout ton cœur, de toutes tes forces et de tout ton esprit») et, pour l'amour romantique, aux livres de la comtesse de Ségur (moins connue sous son vrai nom francisé: Sophie Rostopchine) ou aux romans mièvres ou enfantins de Delly. Telles étaient les sources principales auxquelles je puisais alors toutes les sortes d'amour confondues: «Éros, Philia et Agapé», disaient les Grecs.

Quant à l'amour de Dieu, je n'en avais jamais fait l'expérience, admettons-le sans peine et sans détour. Si je me reconnaissais l'obligation d'aimer Dieu, aucun sentiment ou élan particulier d'amour à son endroit n'affluait à mon souvenir, quand je pensais à Lui. L'enfant n'aimait pas avec sa tête mais avec le cœur, comme l'adulte. Lorsque je disais aimer Dieu, j'avais l'impression de mentir. Il n'était pas toujours gentil, ce Bon Dieu qui nous épiait. Mais il était proprement monstrueux d'avouer ne pas aimer, ne fût-ce que dans son for intérieur, cet Être tout-puissant par Qui tout avait été créé de rien. Les foudres du ciel allaient sûrement s'abattre sur ceux qui disaient ne pas aimer Dieu. Aussi gardais-je le silence quand de telles pensées rôdaient autour. Je n'en aurais jamais soufflé mot à mes parents, de peur de troubler leurs croyances réconfortantes.

Dire tout simplement qu'on aimait Dieu suffisait à satisfaire au précepte même si ce n'était pas vrai, même quand les actions charitables ne suivaient pas. Pour ma part, protester de mon amour pour Dieu ne comblait pas mon grand besoin d'aimer. Mes parents ignoraient qu'en matière d'amour, je n'étais pas seulement orphelin de Dieu, mais un peu d'eux aussi. C'était comme s'ils m'avaient sacrifié à la plus grande gloire de Dieu et de l'Église. Pour ma mère, la religion et ses règles avaient préséance sur l'amour. Mon père, lui, était un homme de devoir, qui n'avait qu'une parole ainsi qu'il le proclamait avec grande fierté. Son obsession de la discipline, valeur fondamentale pour lui, imposait au chef de famille la nécessité de ne jamais céder au relâchement de la peine pour nos peccadilles d'enfant. Une fois décrétée, celle-ci était de marbre, comme mon père, inamovible. Un peu comme Dieu, Stephen Harper et tous les individus dogmatiques qui l'entourent.

Ma mère n'allaitait pas, préférant s'aplatir les seins pour ne pas paraître trop sensuelle. Elle ne nous chouchoutait pas non plus, évitant tout contact physique dans la mesure du possible ; seul l'amour de Dieu et de la Vierge comptait, pour ce que ça valait ou signifiait. Le reste était suspect. La vie n'était qu'une vallée de larmes. Plus on pleurait ou on souffrait en silence quand on était homme, plus on gagnait des mérites pour le ciel.

Ma mère tenait sa résistance aux élans naturels de ses instincts maternels, de sa relation avec son père au cours de son enfance comme de son adolescence, en présence de qui, de son propre aveu, elle tremblait. Aussi n'avait-elle pas aimé Dieu de quelque façon qu'on puisse arriver à Le concevoir. Elle avait eu peur de Lui, ne sachant jamais ce qu'Il attendait d'elle.

Mon père a rempli tous ses devoirs. Il ne s'absentait jamais, ni de son quart de travail ni de la maison, sauf pour gagner son pain quotidien. N'étant jamais là à mon retour de l'école, pas même au coucher, mon père vivait un peu en marge de nous. Je ne l'ai vraiment connu qu'une fois parvenu à l'âge adulte. Mes enfants l'ont adoré, car il fut davantage présent pour eux. Une fois libéré de ses devoirs de père, il permit enfin à son humanité de prendre le dessus. Il était au fond et à bien des égards un homme extraordinaire, mais victime de l'erre du temps. Ma mère, femme intelligente s'il en fut, a compris sa méprise, hélas trop tard pour appliquer des correctifs. La religion l'avait bernée. Bref, pour l'enfant que j'étais et qui se préparait à affronter la vie et l'univers, mes origines avaient été peu enviables. Elles avaient fait de moi un être indigne, inapte à susciter l'affection ou l'amour sauf celui de Dieu, de la Vierge et des saints. Et personne n'avait su me rappeler à l'ordre.

En ce qui a trait à ma conjointe, que j'aime tendrement et qui m'accompagne toujours dans mon périple de vie, je l'ai épousée parce qu'elle était une femme de «bonne famille», bien mise et jolie, avec les rondeurs anatomiques convenablement distribuées, et d'un commerce facile. Je m'étais toujours comporté correctement avec elle, lui disant à plusieurs reprises au cours des premières années de notre vie conjugale et à intervalles moins réguliers après que la vie d'habitude se fut installée, que je l'aimais. C'était ainsi que les livres de mon adolescence et les scènes d'amour à l'écran m'avaient appris à penser l'amour et à l'exprimer, surtout quand elle était bien fardée et coquette ou qu'elle me cuisinait un bon repas.

Si, en dehors des querelles épisodiques communes à toute union, ma sollicitude envers elle n'avait en aucun temps défailli, une pointe d'angoisse s'était toujours mêlée à mes protestations d'amour, sans que je sache au juste pourquoi. Comme si, chaque fois que je parlais d'amour, je me mentais à moi-même. C'était quoi l'amour, au juste? Dans la réalité de tous les jours et au-delà des contacts érotiques, des paroles douces et des gestes convenus, des présents les jours de fête et à Noël et de l'aide à la cuisine, auxquels tout le monde ou presque se livrait, j'avais vraiment l'impression de l'ignorer.

L'amour que j'ai voué à mon épouse au départ relevait sans doute de l'attirance physique et de la compatibilité. Il était déterminé et imposé par la commune. «Regarde comme ils s'aiment!» Et trop occupé à vivre, donc à m'adonner à mes activités fébriles et largement inutiles, je ne me souciais pas plus que mon entourage des sortes et des degrés d'amour à manifester à l'égard des uns et des autres. Pour ma conjointe en particulier, j'éprouvais de l'amour – je le supposais et le suppose toujours – et j'acceptais inconsciemment que cet amour soit imparfait et établi en partie sur des considérations d'intérêt personnel, ou même qu'il ait dégénéré en une sorte de coexistence utile pour accommoder les besoins de nos corps physiques et de notre appartenance au corps social.

J'élevais bien mes enfants et je leur inculquais une fierté qui éliminait les anneaux dans le nez, les cheveux longs et les jeans troués. Mais en dehors de l'exercice de mon autorité paternelle, je ne savais pas comment leur exprimer mon affection. Tout amour pour un enfant exigeait avant tout le respect de l'autorité. Il fallait leur inculquer ma foi et mes principes, de force si nécessaire. Que je les dresse comme on dressait le chien fidèle en évoquant le devoir de père et de chef de famille incontesté et incontestable feignant la tendresse ou la dissimulant, comme mon père l'avait fait. Avais-je vraiment aimé ces êtres en présence desquels j'extériorisais rarement mes sentiments? Je m'en voulais même de poser la question. J'avais souffert de la peur d'aimer sinon de la peur inconsciente de ne pas être aimé, comme tant d'autres humains ayant sacrifié leur humanité au nom d'une religiosité divine mal définie sur l'autel d'une fausse et malsaine conception de la vie.

Mes parents m'avaient-ils aimé? La question m'avait plusieurs fois hanté. Ils ne m'avaient pas dit souvent qu'ils m'aimaient, ce n'était pas dans leurs habitudes. Par contre, ils avaient partagé mes joies, mes peines et mes réussites. Ils m'avaient discipliné, mais ils m'avaient aussi récompensé. Ils m'avaient aimé, bien sûr, j'en suis maintenant persuadé, mais de façon trop conditionnelle, comme on aimait les enfants sages et obéissants. C'est l'expression tactile de l'amour qui avait fait défaut. Ils m'en avaient privé pour que j'aspire avec plus de facilité à la vie éternelle et à la contemplation sans fin de Dieu. Non seulement le corps n'était-il pas requis pour accéder à cette divine félicité, mais il était un obstacle de taille, un poids lourd et écrasant dont la mort nous délivrerait.

Mes parents, il me faut y revenir afin d'être juste envers eux et envers moi-même, étaient victimes des temps. J'ai le devoir de leur reconnaître une grande bonté, une dose illimitée de courage, de dévouement et de bonne volonté. Ma mère et mon père aimaient leurs enfants à leur manière – comment refuser de le reconnaître? –, mais la part que prenait dans cet amour leur devoir de chrétien n'était pas facile à mesurer.

Affligée de la névrose identitaire du minoritaire, la nôtre était une famille pratiquante à la semaine: les vêpres, les prières de quarante heures, les offices du mois de Marie, le mois du Rosaire, la doctrine de l'immaculée conception, les sept premiers vendredis du mois, le chapelet en famille, tout y passait. Des cérémonies sans fin pour regagner le paradis perdu! Voilà donc pour ceux qui m'avaient donné la vie et pour celle avec qui j'ai plus tard choisi de la partager!

Quant à mon Église, on devine bien ce qu'elle m'a enseigné au sujet de l'amour. Elle a mis l'accent sur mon salut personnel, la relation avec l'Autre étant de la nature d'une phrase subordonnée dans une règle de grammaire. L'état de grâce importait avant tout, tel que défini par elle après une visite au confessionnal. Et en vertu de l'absolution qui suivait, arrivait le salut éternel comme ultime trophée. Cette Église me condamnait par là même à ne pouvoir ni connaître ni donner l'amour, ni celui de Dieu, ni celui des humains. Or un Dieu sans amour était inconcevable à mon sens et au sens même de mon Église dans ses rares moments de lucidité, sur le plan du discours du moins.

La clef du sens de ma vie était là. Comment allais-je m'y prendre pour exploiter mes intuitions nouvelles sur l'amour, c'est-à-dire pour mettre de l'ordre dans ma vie affective au contact des humains, plutôt que de poireauter le cœur desséché en butte à des injonctions inscrites au catéchisme de notre mère la sainte Église ? À cause des enseignements reçus sur l'amour de Dieu et des efforts stériles et sans lendemain que j'avais mis en train pour que ma vie y corresponde, j'avais le sentiment d'avoir laissé en friche une part essentielle de mon identité. Je me préoccuperais donc désormais de l'amour humain, quitte à m'occuper de Dieu plus tard si le cœur m'en disait et si par chance Dieu existait.

❧

Il importe aussi, avant de quitter le sujet de l'amour, que je distingue l'amour du prochain de l'amour sexuel que Musset appelait l'échange de deux fantaisies et le contact de deux épidermes. Quitte à les réunir à nouveau après avoir appris à faire la part des choses. Les souvenirs de mon Église casse-plaisir m'ont tourmenté longtemps avec ses niaises défenses du baiser prolongé hors mariage, ou de la masturbation ou de l'amour sexuel tout court, avec ses baisers la bouche ouverte d'une durée de plus de deux minutes. J'étais resté longtemps et viscéralement prisonnier d'un passé tordu, comme tant d'autres de ma génération, traînant un lourd bagage de péchés sexuels coupables et de défenses inutiles et contre nature, dont j'avais éprouvé de la difficulté à me délivrer. Surtout que mes peurs et ma honte en ce domaine s'étaient à mon insu déversées sur les autres formes d'amour en les encombrant de connotations de péché, sauf l'amour de Dieu qu'on m'avait enjoint de protéger résolument de la chair – qu'on disait souillée par le péché originel – sans même qu'on ne tente de justifier le caractère dénaturé d'une telle croyance. On parlait de baisers lascifs, de danses provocantes et plus vaguement de comportements ou d'idées condamnables, d'amitiés particulières ou de péché solitaire. Il était interdit de donner libre cours à sa sexualité par amour pour Dieu. Seul l'amour pur vidé de contenu sensuel et sexuel était sans reproche ; c'était le seul auquel il fallait aspirer.

Pour être conséquente avec elle-même, l'Église s'était faite misogyne à l'instar de toutes les autres institutions du temps et, à ce chapitre, elle était la complice des deux autres religions du Livre. Selon elle, la femme jouait le rôle unique de complément que nécessitait la perpétuation de l'espèce. Elle avait été créée non seulement dans le but d'enfanter, mais encore pour incarner Dieu par l'opération miraculeuse du Saint-Esprit. Dieu et l'Église pouvaient ainsi louer la femme-mère et porter la femme vierge aux nues, tout en maintenant l'une et l'autre au service de l'homme. En dehors de sa fonction de mère, la femme n'était qu'un mauvais tour joué à Dieu et à l'homme avec l'aide du serpent, pour l'embêter et l'avilir. Dieu Lui-même se souillait au contact de toute femme qui n'avait pas su garder son hymen intact, si bien qu'Il avait tenu à ce que la mère de son Fils conçoive dans la virginité.

L'œuvre de chair produisait la déchéance de la femme, mais pas celle de l'homme. Celui-ci n'avait qu'à s'en confesser s'il avait transgressé les lois de Dieu, pour ensuite recommencer. Aussitôt pénétrée, la femme devenait impure. Or on ne joignait pas Dieu, le Bien infini, à la déchéance ou au mal, c'est-à-dire la vertu au péché. La mixture était fatale. Bref, seulement en sa qualité de mère, une mère vierge, pouvait-on honorer la mère de Dieu et lui permettre de régner en qualité de reine du ciel et de la terre. À tout autre égard, la femme était reléguée au second plan dans l'Église de Rome comme dans les autres religions à Dieu unique. Les législateurs religieux de mon Église, au fond, avaient peur de la femme, qu'on avait créée selon eux pour séduire l'homme. Ève avait réussi son exploit en un tour de main, faisant perdre le Paradis terrestre à l'humanité entière. Ce qui donnait raison aux intégristes musulmans. C'étaient les organes de la femme, ses seins et autres parties de son intimité qui posaient problème. On l'enjoignait de les cacher et de les réserver à l'homme qui en disposerait à sa guise.

Dans l'Église de Rome et davantage chez les musulmans radicaux pour ne pas dire les musulmans tout court, on interdisait les parties provocantes des femmes aux célibataires en quête de jouissance, car les femmes ne devaient servir, suivant le plan du Créateur, qu'à la procréation. «Pas touche», clamaient les intégristes catholiques qui entendaient toujours dicter les mœurs sexuelles des fidèles. On substituait l'abstinence au condom dans le combat contre le sida, sous prétexte que le Créateur l'avait ainsi ordonné, en sacrifiant sur l'autel de la maladie, qu'on prétendait d'ailleurs être rédemptrice et source d'indulgences, les personnes qui en mouraient quotidiennement par milliers sur le continent africain et ailleurs. L'activité sexuelle était donc intrinsèquement mauvaise si elle n'était pas ordonnée à des fins de procréation. Les transgresseurs et leurs victimes étaient des profanateurs téméraires qu'on punissait sévèrement. Sauf que ces juges et ces lanceurs de pierres étaient des hommes qui se pardonnaient leurs peccadilles entre eux. Quant aux prêtres catholiques, des hommes toujours, on bannissait la femme de leur vie, élevant la moindre expression de leur sexualité au niveau de crime lèse-majesté, tout en fermant les yeux sur leurs écarts répétés.

Comment concilier ces deux femmes qui logeaient dans mon cerveau et dans mon corps à des enseignes opposées? Je traînais inconsciemment le poids de cette ambiguïté morbide que j'entretenais depuis la puberté, incapable de m'en défaire. Tous mes désirs refoulés au nom de mon Église refaisaient surface encore et entachaient toutes mes notions d'amour, jusqu'à l'état même de mes propres relations avec mes proches et avec Dieu, s'Il existait.

Le problème était donc en moi. Ma sexualité s'était exprimée de manière toute croche. J'avais le goût, maintenant que les défenses de mon Église avaient perdu toute influence sur moi, et en souvenir de mon adolescence consacrée à dominer la volupté, d'imiter la promiscuité des innombrables copulateurs effrontés que j'avais enviés alors que je rêvais de baiser toutes les femmes du monde. Il m'avait semblé que je me laisserais séduire comme un jeune pubère si l'occasion m'en était donnée et si j'étais plus jeune. Dans un accès de liberté sans pareil, je m'embarquerais résolument et sans fin dans des relations sexuelles «interdites» à tous les tournants. Je permettrais à mon côté charnel de me consumer tout entier. Si de telles activités ne m'apportaient pas l'amour, elles me permettaient peut-être de les départager des simples contacts épidermiques de Musset.

Il avait donc fallu finir par m'avouer qu'en matière d'amour j'avais poussé tout à l'envers, en guerre constante avec mes émotions, mes sentiments et mon humanité, et à couteaux tirés avec mes dogmes, mon idéologie et ma différence culturelle ambiguë. Ma religion qui avait prétendu me sauver de moi-même par sa promesse d'une vie future, heureuse, éternelle et remplie d'amour, m'avait fourvoyé pas seulement par ses fausses représentations sur l'amour de Dieu Auquel j'étais promis pour l'éternité, mais aussi par son refus inutile et traumatisant et sous peine de faute grave de me permettre d'exercer ma puissance sexuelle dans la vie présente. Et cela, alors même qu'elle ne respectait pas la condition essentielle de l'amour qui se devait d'être une relation fondée sur la recherche du bien de l'autre. Elle enfreignait son propre précepte de l'amour en mettant ses efforts à enchaîner les croyants, en les faisant crouler sous le fardeau d'un enseignement dogmatique à suivre à la lettre sous peine de bannissement. Drôle d'amour que celui qui me forçait à me renier pour être fidèle à l'Église et pour plaire au Dieu dont elle se réclamait l'agent officiel! Il fallait donc que je m'explique non seulement en quoi pouvait diable consister l'amour de Dieu en dehors de l'amour des hommes, mais aussi ce que signifiait l'amour pour ces hommes de pouvoir dans les religions dogmatiques qui puaient l'intolérance, ne concédant jamais rien à la compassion humaine. Ils disaient pourtant croire en Dieu. S'ils disaient vrai, leur Dieu était exécrable.

Comment donc réduire cette fracture de l'âme dont j'avais enfin pris conscience et dont souffrait, j'en étais sûr, une partie importante de l'humanité? Comment me défaire des notions enchevêtrées de l'amour qui avaient gouverné mes relations avec Dieu et avec ses humaines créatures? Pourquoi l'amour divin ne serait-il pas l'amour humain? Dieu se contenterait alors d'être aimé par l'intercession des hommes et on cesserait de se préoccuper d'un Dieu qui commandait aux hommes de L'aimer depuis son palais céleste. Les hommes aimaient en grand nombre et ils étaient aimés en retour. Si je ne l'avais pas reconnu, l'amour humain avait pourtant surgi pour moi aussi et il réapparaissait à tout moment, aussi vif que celui des autres, quand je ne le bridais pas au nom de la honte et des fausses conceptions de la vie apprises sur les bancs d'école et qui tardaient à partir. Si seulement on avait eu l'heur de grandir dans un milieu différent, dans lequel on n'insistait pas uniquement sur des formules à répétition, sur l'interprétation puritaine des articles de foi et des commandements et où l'on ne favorisait pas l'obéissance à la règle au détriment de la joie de vivre, de la spontanéité dans l'expression de ses sentiments, des touchers, des effusions enthousiastes, du pardon immédiat plutôt que dans la punition pour ses sottises d'enfant, alors, il me semble, on aurait aimé davantage. Bref, si on m'avait laissé à mon naturel, l'amour m'aurait comblé davantage. Il m'aurait peut-être même conduit à l'amour de Dieu si Dieu existait.

J'étais donc appelé à faire la lumière sur ce qui se révélait soudainement un fouillis sur lequel je n'avais pas compté, hors de toute proportion avec les difficultés que j'avais anticipées quand je m'étais lancé à la recherche de Dieu. J'avais cru que l'intelligence et la volonté me suffiraient comme outils de travail. Mais voilà que j'en étais à me demander, non plus Qui était Dieu ou s'Il existait, mais vers qui ou quoi me tourner pour mettre de l'ordre dans mes notions d'amour, pour comprendre et vivre l'amour et pour étancher cette grande soif qui m'avait tourmenté à mon insu tout au long de ma vie.

L'amour direct de Dieu avait perdu pour moi sa pertinence et, par voie de conséquence, Dieu avait dans un sens reculé encore davantage. S'Il existait, ce ne pouvait être que par l'homme vivant pleinement des profondeurs de son humanité dont l'Autre faisait partie intégrante. Il n'y avait pas Dieu d'un côté puis l'humanité de l'autre : aimer les autres, leur venir en aide, se sacrifier pour eux, partager, cela était Dieu ou Dieu n'existait pas.

8

Euphorie et dysphorie

De retour du Moyen-Orient, je m'étais retiré au bord de l'eau parmi les miens, au milieu des arbres, la hache et la scie à chaîne à portée de main, plongé dans la nature. Le terrain était immense et on n'en finissait plus de râteler les feuilles de nos érables. Et puis on n'était jamais à court de travaux d'entretien et de rafistolage. On y croisait les voisins à tout moment pour besogner ensemble, jouer une partie de tennis ou de golf, sinon bavarder de tout et de rien. Je les connaissais depuis 30 ans.

Sous les apparences, qui étaient ces hommes d'affaires, plombiers, maires, rentiers, députés, décorés par Son Excellence le Gouverneur général ou que sais-je? Ce jour-là, je les dépouillais de tous leurs attributs, de leurs croyances, de leur âge, de leur éducation, de leurs titres, de leur compte de banque, de leur langue même car certains étaient anglophones. Tous ces murs artificiels qui divisent les humains, soudain abattus comme par enchantement. Il me semblait pour la première fois vouloir échanger avec eux, liés seulement dans le temps et par le hasard de notre proximité culturelle et de lieu, par notre commune humanité.

De quoi serait-il question? Eux, pour la plupart, croyaient en Dieu et fréquentaient l'Église tous les dimanches. En dehors de leurs croyances, ils étaient humains avec tout ce que cela comportait de désirs, de besoins, de générosité, de préjugés et d'étroitesse, comme moi, et cela me suffisait pour établir avec eux une relation durable.

Le premier matin, je me levai tard. J'avais joué aux cartes la veille jusqu'aux petites heures. Après avoir attisé les cendres chaudes, je m'assieds sur la berceuse devant le foyer selon mon habitude. Ensuite je remplis l'âtre de copeaux de bois d'érable pour relancer la flamme. Et, tout en songeant à la petite vie ennuyeuse et sans but valable que je mène, à ressasser toujours les mêmes idées noires autour du sens et de Dieu, une tasse de café à la main, les yeux à peine dessillés à cause du médicament qu'on me prescrit pour tromper l'insomnie, je me dis que le fer est chaud, que c'est le temps de le battre, de ranger mes livres sur les étagères et de mettre mes culottes selon l'expression si chère aux animateurs de tribunes téléphoniques, c'est-à-dire d'en finir avec Dieu.

Je n'avais, au fond, aucune raison particulière de Le chasser, ou de L'éloigner de moi. N'avais-je pas trouvé une échappatoire acceptable dans mon amour du prochain ? Pourquoi ne pouvais-je vivre intensément sans me soucier de l'existence ou de l'inexistence de Dieu, tout en conservant une vague croyance en Lui que je ne m'amuserais pas à préciser ? Comme le faisait la majorité de mes frères franco-ontariens et des humains du monde entier, comme le faisaient ces travailleurs infatigables du tiers-monde. Et pourtant, pour des raisons qui m'échappaient, je ne connaîtrais le repos et ne parviendrais au terme de ma démarche qu'après avoir totalement rejeté Dieu ou L'avoir accueilli sans partage. Pas de demi-mesures ! Je croyais en Dieu ou n'Y croyais pas.

Dehors, les érables se dépouillaient, ajoutant une morosité saisonnière à mon humeur déjà sombre et brouillonne, qui seyait d'ailleurs au dénuement intérieur dans lequel je stagnais depuis plusieurs mois. Après quelques heures à méditer sur l'inanité de ma recherche du sens et de Dieu, toujours assis près du feu, encore vêtu de ma robe de chambre, je regardai délibérément par la fenêtre le ciel bleuâtre des premières heures du jour et tournai les yeux vers la partie la plus haute du firmament où Dieu, disait-on, maintenait ses quartiers. Je ne Le voyais pas, ne L'entendais pas, ne Le sentais pas. Il n'y avait rien non plus dans la Bible qui attestât son existence sauf pour les allusions mythiques et symboliques qui ornaient ses pages sacrées les unes après les autres, servant à satiété la cause des intégristes qui les prenaient pour l'histoire authentique de l'humanité. C'était quand même de ce livre saint sinon des Égyptiens ou des Juifs que venait notre Dieu unique, le seul vrai Dieu dont nous nous étions tant enorgueillis, qui nous rendait supérieurs à toutes ces civilisations qui avaient eu des dieux à la douzaine. N'étant pas historique, la Bible ne constituait en rien une preuve de l'existence de Dieu. Ses auteurs étaient humains et souvent poursuivaient des desseins qui servaient la gloire de leur peuple avant celle de Dieu. Qu'on la dise inspirée ne résolvait rien.

Mais toujours je me demandais pourquoi cette insistance à me préoccuper de la question de Dieu. Mon émancipation à l'égard de mon Église ne me suffisait-elle pas? Si c'était par souci de totale liberté et d'indépendance absolue que je me défaisais de Dieu, je faisais fausse route. L'être humain n'est pas autonome. Même quand il se rebelle, il ne vit pas sans contraintes. Il est d'abord un accident géographique, comme l'a écrit Montesquieu, et en outre, un accident culturel. Pourquoi étais-je né dans le Nord de l'Ontario et non à Chicago ou dans les îles de la Manche? Mon grand-père paternel venait de la Gaspésie et l'autre du Michigan. Pourquoi pas de Leningrad? L'homme est en effet un accident géographique ou culturel, une histoire qui aurait bien pu ne jamais démarrer ou qui aurait pu se poursuivre autrement. Une fois l'être humain entré dans la matière, noir ou blanc, intelligent ou abruti, grand, petit, homme, femme, voilà que son environnement le forme et le façonne à tout jamais, lui concédant une marge de liberté fort limitée.

C'est aux idées et au langage communs qu'on puise ses attitudes et ses vues. C'était le milieu franco-ontarien de l'époque qui avait fait office de barème pour savoir si ce que je disais, faisais ou croyais était juste et raisonnable, et par conséquent, acceptable aux yeux des autres et à mes propres yeux. On enfermait ceux qui dérogeaient trop à la norme. On les excluait ou les bannissait de la collectivité.

C'est pour cela que la liberté effrayait. On ne jouait pas avec elle. On était libre seulement de faire le bien tel que défini par les autres, et selon des paramètres fixés par eux. Je me disais libre comme un pinson, et toujours quelque chose qui ne désarmait pas me retenait à deux mains de prendre mon élan, de m'envoler comme ces petits êtres ailés, objets de mon envie, qui investissaient le rebord extérieur de ma fenêtre au lever du jour. On se disait trop orgueilleux, trop fougueux ou à l'inverse encore trop craintif, ou on s'appuyait pour se disculper sur son manque de préparation, sur son absence d'expertise religieuse et philosophique, alors que je savais fort bien que c'était la peur qui me contenait, du genre de celle à laquelle s'accroche le Québécois au moment des référendums. La peur demeure l'instrument de contrôle par excellence aux mains des gouvernants sans scrupule. Oui, la peur.

On avait beau se targuer d'une robuste constitution mentale pour servir de rempart contre les aléas et les exigences d'une vie nouvelle, quand on jetait aux orties toutes ses attaches à son Église et à Dieu, on se devait d'être prêt à en subir les conséquences.

Mais si je voulais éviter de me retrouver dans la vallée de Josaphat sans avoir tiré mes croyances au clair, sans avoir donné un sens à ma vie – en admettant toujours que ma vie en avait un –, il ne fallait plus que je remette à demain l'inévitable prise en main de mon combat. Demain n'apporterait aucun éclairage de plus. Par contre, il n'était pas facile de faire le malin quand on avait plié l'échine toute sa vie, encore moins quand on était arrivé au crépuscule de sa vie alors que le passage de l'autre bord était imminent. Je n'irais pas, j'espère, jusqu'à me jeter terrifié dans les bras protecteurs du Père, du Fils et du Saint-Esprit, un prêtre à mon chevet, comme quelques amis à moi l'avaient fait, ne pouvant se passer de ce viatique qui sonnait pour eux l'heure de vérité.

On doit se fier à sa voix intérieure, ont répété les maîtres spirituels dont les écrits jonchent ma table de travail. Maîtresse incontestée, depuis que je l'ai mobilisée avant et après mon voyage au Moyen-Orient pour qu'elle soit ma force et mon soutien, elle a servi ma cause avec courage, intelligence et grand discernement. Aussi, les deux boulets de mon milieu de travail et de mon Église n'ont-ils pas disparu à cause d'elle! Elle devait achever sa tâche. Maintenant que j'avais appris à faire la part des choses, c'était par elle que je devais exister sans doctrine préétablie, sans idéologie, sauf mes gènes et l'identité culturelle singulière – dont je prenais de plus en plus conscience – qui avaient forgé l'histoire de ma vie.

J'étais judéo-chrétien de culture que je croie en Dieu ou pas, culture qu'avait épousée malgré lui le Franco-Ontarien. On ne cessait pas de l'être quand on se libérait. Certains Juifs que je fréquentais se pliaient aux rites et aux pratiques du judaïsme sans croire en Dieu et ils s'en accommodaient fort bien. Ce serait donc toujours sur mes valeurs judéo-chrétiennes que ma pensée et mes actions s'appuieraient, sur l'Église aussi que je portais encore en moi quand je l'avais laissée. Sur la poétique, libre par essence, ennemie de la pensée cartésienne. Quel étudiant n'avait pas admiré les œuvres de nos imaginatifs Baudelaire, Verlaine, Musset, Lamartine et Hugo, si profondément humaines, si passionnées, si charnelles? Cartésien certes, j'avais quand même entendu l'appel de la poétique, jusqu'à coucher pêle-mêle mes vers sur le papier à l'occasion. Elle était une part essentielle de mon être qui me définissait et non seulement me faisait vivre, mais m'aiguillonnait sans répit.

Je savais ce que ma voix intérieure attendait de moi : que je mette un terme à toute voie d'évitement et balaye toute résistance ainsi que les analyses sans fin que mon âme en détresse inventait pour conjurer la peur. Toute la journée, je me parlai ainsi en me promenant de long en large comme le fauve dans son antre. Et ce soir-là, une autre fois encore, je mis longtemps à trouver le sommeil.

≹

Le lendemain, je me levai tôt et sans plus tarder je rejetai Dieu, à nouveau. Sauf que je sentis que cette fois était la bonne. J'allais annoncer au monde entier que je ne croyais plus en Dieu. J'éprouvai immédiatement une satisfaction particulière libre de prétention et de culpabilité. Je ne péchais pas par orgueil, c'est-à-dire contre l'Esprit (ce crime impardonnable qui avait causé la déchéance de Lucifer). Les foudres du ciel n'étaient pas tombées et aucun sentiment de turpitude ou d'indignité ne m'habitait à l'idée d'être «athée». Je n'étais ni un aliéné mental, ni un révolutionnaire illuminé, ni le géronte affolé que l'on décrivait jadis dans la littérature religieuse avec des images de fourches et de feu à l'appui, mais bien un être humain normal, au port fier, à la tête haute, qui ne baisserait plus jamais les yeux en présence de Dieu.

Plus je descendais en moi-même, plus le doute sur mon identité se résorbait et plus Dieu reculait. Non seulement je me délivrais de toute culpabilité, mais en m'affranchissant de Dieu, je devenais un parangon de vigueur, un transport de joie me traversant le corps comme une ivresse qui se passait de mots, comme une exultation qui me saisissait les entrailles. Plus Dieu diminuait, plus je prenais moi-même de l'importance. On aurait dit que le centre du monde se déplaçait, du ciel vers la terre, d'une déité éthérée, éloignée et sans consistance, vers mon humanité à moi, spécifique, personnelle et pleine de vie. Jamais plus Dieu n'aurait l'emprise étouffante qu'Il avait exercée sur moi. Jamais plus je ne me laisserais mener par Lui en jouant à la misérable petite créature, sans aucune consistance, sans moelle épinière, à sa remorque, à son crochet, à sa solde, toujours à son service et sous son regard impitoyable, tel que je m'étais perçu auparavant: un être totalement subjugué, incapable de bouger par lui-même ni de s'interroger. J'allais enfin vivre de façon autonome sans qu'on m'impose des limites. Il n'en dépendrait plus que de ma volonté.

Le frisson de fébrilité que j'avais éprouvé quand, pour la première fois, j'avais songé à rejeter Dieu faisait place à un sentiment de bien-être. Je n'étais plus qu'un simple mortel tiré du néant par Dieu et destiné sans Lui à y retourner. J'étais une personne à part entière. Avant même de naître, j'avais la puissance d'être, depuis toujours, comme l'Univers avant le Big Bang. Et maintenant que j'existais, aucune force au ciel ni sur la Terre n'avait la faculté de m'anéantir. J'étais immortel autant que Dieu, même si mon enveloppe mortelle allait périr un jour.

C'était moins ma raison qui parlait que ma conscience d'être qui se hissait au premier rang. Même la mort ne saurait me vaincre. Il faisait bon, en effet, de penser que j'étais de quelque façon dans la réalité pour y rester, et ça battait de loin l'idée de finitude et d'anéantissement total qui démoralisait tant l'humanité au point de lui faire sans cesse inventer des dieux vers qui se tourner. Déterminé à alimenter le flot de ce torrent qui m'emportait mystérieusement vers des contrées nouvelles et totalement inexplorées, je me proposais de faire l'impossible, dussé-je y risquer ma vie ou même «la mort éternelle», pour qu'il coule à jamais, sans autre barrage que ma volonté libre, seul avec mon cœur débarrassé de toute pression extérieure pour en contrôler le flux.

Après avoir lutté d'arrache-pied pour ne pas être une copie conforme ou un simple reflet des autres, et être retombé dans le conformisme le plus béat, assujetti à toutes sortes de règles et de lois qui ne venaient pas de moi, j'avais enfin ma vie propre à vivre, une vie plus vraie et plus personnelle que jamais. S'effectuait chez moi une sorte de métamorphose: un homme nouveau, sûr de lui, prêt à mordre à pleines dents dans la vie et anxieux d'affronter tous les défis, un être sans peur désormais qui décidait de vivre pleinement. Je connaissais un bien-être tout nouveau, une joie ineffable jamais ressentie auparavant. Elle s'était emparée de moi dès que j'eus donné sans réserve son congé à Dieu. Désormais, je me tiendrais debout, défiant le temps et l'éternité, pénétré de la grandeur et du caractère sacré de cette personne singulière que je découvrais et qui tenait enfin une place distincte et unique dans l'Univers. Un vase sacré que rien ni personne au ciel ni sur terre n'avait le droit de profaner.

Plus jamais je n'aurais à prouver mon innocence. Plus jamais je n'aurais à rendre compte, sinon à moi-même, de mes actes, de mes intentions ou de mes pensées, conscient que je serais beaucoup plus sévère pour moi-même et plus exigeant que ce Dieu parcimonieux et autoritaire ne l'avait été. Jamais plus je ne chercherais des faux-fuyants ni n'userais de subterfuges pour me défiler, pour me soustraire à mes obligations, puisque je serais le maître incontesté de l'action et qu'il n'y aurait plus que moi pour en répondre. Bref je ne connaîtrais plus la culpabilité ni la honte. J'avais grandi démesurément. Et, ainsi qu'on l'avait rapporté à propos de Dieu, au moment de la création, je vis que c'était bon. Combien de temps mon exaltation allait-elle durer?

Elle n'avait duré que l'espace de quelques jours, quelques semaines peut-être. Elle fit aussitôt place au doute. En dépit de tous mes efforts à nier l'existence de Dieu, un désir voire une volonté irrésistible de croire en une entité supérieure ne me quittait pas, à la condition que l'amour soit au rendez-vous, l'amour des miens, de l'humanité et de l'Univers.

L'euphorie qui avait accompagné mon rejet du Dieu des dogmes et des idéologies et puis enfin de Dieu Lui-même m'avait quitté et au cœur même de mon pseudo-athéisme nouveau, avait subsisté mon grand besoin de croire en quelque chose d'impérissable dans ce monde contingent et éphémère, ce monde fait en apparence de fini-tude et de mort dont je faisais partie. Ce quelque chose était enraciné non plus seulement dans la foi judéo-chrétienne toujours présente en moi, mais au-delà d'elle dans mon humanité même. J'appelais à la rescousse un Principe, une Présence, une Transcendance qui faisait partie de l'Univers tout en le dépassant, une réalité ineffable qui logeait en moi et en laquelle je pouvais puiser.

 Sans une source supérieure d'inspiration, fût-elle en chacun, il me semblait que l'homme présidait à son propre déclin et régnait à jamais sur un royaume d'illusions. Sans elle, je me demandais si l'humanité ne s'était pas fait avoir. Sans une Force sise au fond de moi qui me tirait vers le haut, en remplacement du Dieu que je venais tout juste de supprimer, ma vie n'avait plus aucun sens. Ni celles du Mahatma Gandhi, de Mère Teresa, de Jean Vanier, des professionnels de Médecins sans frontières, ni de tous ceux et celles qui se dévouaient sans compter au sein d'organismes non gouvernementaux luttant pour la justice sociale, pour un sain environnement, contre la pauvreté, les maladies et la brutalité. Seraient-ils tous des névrosés, ces modèles d'altruisme? Ou étaient-ils mus par quelque chose, non pas de la nature d'une idée ou d'un concept philosophique ou théologique de Dieu tel que véhiculé par l'Église de mon enfance et celle des papes contemporains, mais plutôt comme une lumière ou une source d'attraction à laquelle ils s'identifiaient, qu'ils portaient en eux, intimement liée à leur humanité? Sa provenance dans l'intimité de l'être lui conférait sa force et son efficacité. Elle venait de l'évolution de la conscience, disait Pierre Teilhard de Chardin, et convergeait vers un point oméga.

Cette lumière ou cette source, si elle n'était pas Dieu, qu'était-elle et d'où venait-elle? Peu importe qu'elle soit immanente ou trans-cendante, elle était bien là puisque de nombreux saints de par le monde l'avaient trouvée et s'en étaient prévalus, à partir de Bouddha, mythique ou même historique, de Socrate ou de Jésus. Je parle aussi des saints qui ne seraient jamais canonisés par les conservateurs de Rome, et qui ne pensaient qu'aux autres. Comment formuler la nature et la composition d'une telle source jaillissante dont je sentais la présence et comment continuer de m'y abreuver?

Je ne saurais jamais qui Dieu était, s'Il existait. Ne suffisait-il pas de savoir qu'Il ne ressemblait en rien au Dieu enfermé dans le credo du premier concile de Nicée, cet écrit qui n'avait servi qu'à figer Dieu et à L'encastrer dans les missels, faisant de Lui, à mes yeux, un pseudo-être, distant et inatteignable, surréel, voire inexistant! Ce Dieu du Credo ressemblait, à s'y méprendre, à celui du *God Bless America* que les néo-chrétiens de la Maison-Blanche des années Bush consultaient chaque matin avant de poursuivre leurs desseins funestes. Ce personnage divin inscrit dans la constitution de nos voisins et invoqué par leurs présidents depuis le premier d'entre eux monté sur son cheval de bataille faisant la révolution en son saint nom. Il était le même au nom de Qui on s'était battu pour maintenir l'esclavage des millions d'êtres humains. Ce Dieu était aussi semblable à Celui de l'Ancien Testament Qui exerçait sa vengeance, piquait des crises, méprisait la femme. Ce même Dieu était Celui de ma mère ; Il était également celui d'une majorité de mères. Ils se valaient tous. Qu'on les appelle Dieu, God, Lord, Seigneur, Jéhovah ou Allah ou encore le Grand Manitou, Zeus ou Vénus, ils n'étaient que des idoles devant lesquelles les humains se prosternaient. C'était eux, les véritables athées fléchissant le genou devant un Dieu qui n'existait pas.

Cette autre réalité, en dehors du Dieu des religions Qui servait d'alibi à leur pouvoir, Dont je croyais deviner la présence et Que j'appelais de tous mes vœux, était différente de tous les autres dieux. Celle-là ne faisait pas obstacle à mon émancipation. Elle n'était ni tribale, ni figée, ni omnipotente, ni autoritaire. Je me sentais tout près d'Elle, de Lui, quand je me dépouillais de l'idéologie et que je laissais mon humanité prendre le relais. Non plus entrait-elle en conflit avec mon humanité. Ce Dieu-là donnait surtout de la permanence et une certaine immortalité à ma vie sans entraver ma liberté. Les voies de l'homme comme jadis les voies de la Providence empruntaient parfois des détours inespérés. On cherchait Dieu là-haut ou là-bas pour Le découvrir en soi ou ici tout à côté. Mon périple tirait à sa fin.

9

Et la vie avait repris son cours

J'ALLAIS BIENTÔT SOUMETTRE MES NOUVELLES orientations à l'épreuve du terrain. Quelques mois à peine, en effet, après avoir donné son congé au Dieu de ma jeunesse, au Dieu de mon Église et à Celui de la majorité de mes pairs et la Noël approchant, j'invitai mes enfants et quelques amis à la veillée de Noël. Pour sa part, un des Claude mentionnés dans cet ouvrage, encore dans les ordres, s'était amené l'air un peu hébété, accompagné de Ghislaine qu'il avait présentée aux autres invités à son arrivée. C'était une ancienne religieuse recyclée en professeure à l'école située à proximité de chez lui. Bien qu'elle demeurât discrète tout le temps que dura le réveillon, sauf pour aider au service de la tourtière et d'autres plats d'usage, je crus observer des gestes de tendresse de sa part à l'égard de Claude ainsi que plusieurs regards complices, pour moi sans équivoque. Elle affichait, me semblait-il, l'allure typiquement victorieuse de celle qui a pris possession du territoire, rayonnant d'un bonheur tranquille. Les autres aussi, l'ayant observée de biais au cours de la veillée, avaient plus tard partagé ma perception de la chose.

Ghislaine était la ménagère de Claude. Elle occupait des quartiers séparés que j'avais d'ailleurs une fois visités. Je l'imaginais quittant sa chambre le soir pour aller *conforter* Claude de l'autre côté de la cuisine. Une idée qui plaisait. Cette femme le rendait plus humain et laissait présager à court terme l'apaisement du tumulte intérieur que j'avais longtemps deviné chez lui. Au risque d'être débouté, je me proposais bien de mousser le sujet de sa nouvelle relation lors de notre prochaine rencontre.

S'apprêtait-il lui aussi à quitter les certitudes aménagées de la foi de son enfance qu'il prêchait encore? Il ne m'en avait soufflé mot. Mais nous savions tous les deux qu'il alliait l'amour de son Dieu à l'amour de la femme, s'accommodant fort bien des deux à la fois, même si le second lui était défendu par une Église dépassée. Claude était enfin sur la bonne voie, même s'il se disait toujours fonctionnaire de Dieu et de l'Église.

On avait entonné avec vigueur le *Minuit, chrétiens,* l'*Adeste Fideles* et *Il est né le divin enfant.* Question de se retremper dans la nostalgie du passé. N'éprouvant aucun besoin d'afficher mon «incroyance» et de troubler l'atmosphère de paix et de bonheur qui régnait, j'avais redoublé d'entrain et je m'étais soumis de bonne grâce et de plein gré à cette religiosité familière flottant dans l'air, nous imprégnant de joie et de confiance en l'avenir de notre espèce. Je baignais en famille dans le bien-être et le confort des miens. Un observateur averti pouvait aussi, non sans quelque justification, mettre ma disposition à fêter la Noël sur le compte d'une saine envie de vivre ma vie dans la continuité, évitant par là d'être aux prises avec les traumatismes que causaient les coupures radicales avec le passé. On les jugeait inutiles et dangereuses pour l'équilibre de la personnalité.

Je pouvais d'ailleurs grandir et progresser dans ma quête de sens sans rompre complètement – comment le pouvais-je? – avec tout ce qui avait servi au ressourcement de mon être. Le *Minuit, chrétiens,* chantant la rédemption d'un monde si souvent perdu mais toujours en quête de renaissance, était tout à fait conciliable avec ma volonté non moins primordiale d'en avoir fini enfin avec ces dogmes et ces vérités révélées qui m'avaient empêché de vivre.

Point n'était besoin de souscrire aux mystères de l'incarnation ou de croire aux subtilités de la transsubstantiation pour frayer avec mes concitoyens ou pour me réclamer du Christ si tel était mon sentiment. Les Égyptiens l'avaient fait longtemps avant le Jésus des Évangiles. Je pouvais reconnaître l'effet salutaire de la figure transcendantale du Christ sur les humains et sur le monde sans admettre comme faits historiques la pêche miraculeuse, la multiplication des pains, le changement de l'eau en vin, la résurrection de Lazare ou même celle du Christ. Au fond, je n'avais peut-être pas vraiment quitté mon Église. J'aurais simplement dit adieu à une Église sclérosée, à ce christianisme rétréci par les structures paralysantes d'une Église retardataire.

※

Après le départ des invités, je m'étais demandé où j'en étais vraiment dans ma recherche du sens de ma vie maintenant que j'avais viré le Dieu de mes ancêtres pour en substituer un autre qui au fond Lui ressemblait. Quel était le sens véritable de ma venue en ce monde? La réponse que je me donnais était simple. Dépouillé de tout artifice, le sens logeait dans mon humanité, que j'exprimais dans un lieu géographique précis au moyen de mon particularisme franco-ontarien au nom duquel et par lequel je rejoignais l'humanité tout entière. Je faisais partie d'un grand fond universel où tout était relié. Le sens résidait dans tous les instants de vie qui m'étaient donnés, s'écoulant en solidarité avec les autres, dans le partage des valeurs humanistes de tolérance, de justice et de fraternité.

Le sens venait des profondeurs de mon être intérieur, là où logeait ma vérité, une vérité parvenue à moi à travers les âges, fruit de l'évolution, au moyen de mes gènes, de mon environnement et de mes expériences de vie au contact des autres. Je m'étais attaqué à Dieu sans raison. Ma foi en l'avenir de l'humanité reprenait le dessus, transformant ma recherche de Dieu et du sens en un désir de vivre la vie d'ici-bas sans me préoccuper de l'Autre, en communion étroite avec mes proches, en solidarité avec mes semblables, surtout avec ceux qui, plongés dans la misère, n'abandonnaient jamais l'espoir de l'avènement d'un monde meilleur.

Ma nouvelle approche de la vie s'incorporait en douceur à mes vieilles appartenances, de sorte que je me situais fort bien dans ce nouveau monde de la croyance-incroyance ou même de l'agnosticisme par moments auquel j'accédais et je communiais aisément avec des croyants de tout acabit. Ayant vaincu les fantômes et les certitudes figées de mon adolescence et de ma jeunesse, j'établissais un lien d'harmonie entre l'être franco-ontarien catholique qu'on m'avait fabriqué au départ et celui qui s'était enfin dégagé de l'Institution et des croyances dogmatiques qu'elle m'avait imposées.

Le jeune Canadien français qui s'ébattait dans les rues de sa ville natale avait grandi et s'était émancipé du Dieu omnipotent Qui avait créé le ciel et la terre dans le court espace de sept jours. Il croyait en Dieu, mais comme se plaisait à dire un Jean Sulivan croyant: il croyait en Dieu s'Il existait. Sa vie avait repris et les années avaient passé. La société franco-ontarienne elle-même, encore plus éparpillée qu'au temps de sa jeunesse, n'était plus monolithique, ni en matière de langue ni en matière de culture, la première montrant de l'essoufflement partout dans sa province où elle le disputait à une langue anglaise envahissante axée sur les affaires, et la deuxième ballottant au gré d'un multiculturalisme galopant.

Les trois artisans de mon identité, «Dieu», son Église et mes activités professionnelles, avaient desserré leur emprise sur moi. Ma langue et ma culture franco-ontariennes encore vivantes cédaient le pas à mon humanité. Les Franco-Ontariens, français, franglais et ceux presque totalement assimilés – il y en avait pour tous les goûts –, étaient solidaires de leurs concitoyens francophones et anglophones et trouvaient le sens de leur vie et leur identité dans ce mélange d'histoire, de symboles divers empruntés aux deux cultures principales environnantes, aussi dans la solidarité avec les leurs, dans les fidélités et les compromissions, les croyances, les luttes compensatoires, leur culture effilochée et leur langue souvent fort écorchée. Ils étaient des minoritaires avec leur cortège de pathologies enracinées au cœur de leur psychisme. Plusieurs, comme moi, n'avaient pas trop su comment se positionner. C'est en eux que principalement je me reconnaissais, mais aussi dans mes frères et sœurs du Québec se débattant comme des diables dans l'eau bénite dans leur lutte identitaire. Mais eux étaient majoritaires pour l'instant, même s'ils demeuraient des sujets de Sa Majesté britannique, et non des amputés. Au contraire d'eux, j'étais métissé, culturellement ambigu sur les bords.

Mon appétit pour l'acculturation s'était complètement dissipé. J'accédais enfin à l'acceptation sans réserve de mon identité hybride telle qu'elle m'apparaissait, n'enviant plus rien à l'identité des autres. Je n'exigeais plus des chartes et des discours électoraux qui consacraient l'usage de ma langue dans les affaires d'État. Si j'avais conscience de ne pas faire partie de la majorité anglaise – l'histoire et la géographie en avaient autrement décidé, mon commissaire aux langues officielles me le rappelant incessamment –, je laissais à d'autres le combat de la survivance, ne me faisant plus aucun souci à titre minoritaire d'être relégué à un statut de dépendance structurelle vis-à-vis de la majorité anglophone.

Victime d'une infériorisation grandissante, le Franco-Ontarien exprimant sans réserve sa différence vivait le malaise de se savoir exclu du centre, un peu à l'écart de l'action principale. C'était pour cela qu'un si grand nombre s'assimilait et s'abreuvait de plus en plus à la langue et la culture anglaises. On n'en voulait pas à l'Anglais qui se comportait comme tous les majoritaires du monde ni au Franco-Ontarien qui tenait à son identité ni au souverainiste qui rêvait d'exercer son droit d'exister dans un pays à lui. Tous les trois poursuivaient des objectifs légitimes.

Amputé d'une bonne part du bagage culturel et linguistique qu'on m'avait légué au départ, j'étais par ailleurs riche de ma diversité identitaire. Si la culture et l'expérience collective que ma langue française exprimait encore avaient été problématiques pour moi et pour ma communauté franco-ontarienne, cette diversité avait bien servi notre lutte contre l'exclusivité, l'intolérance, voire l'inhumanité dont avaient fait preuve tant de peuples. Le prix à payer pour l'amputation en valait la chandelle. Plutôt être manchot et charitable que pur, complet et viril dans le viol et le recours à la machette ou aux chambres à gaz. Je n'étais pas un Québécois de naissance ni un Canadien à la sauce anglaise. J'étais un Franco-Ontarien à part entière, l'égal de mon concitoyen anglophone.

J'étais né et j'avais grandi au sein de ma communauté culturelle. Mon lieu de référence était l'Ontario français et je faisais partie de la famille canadienne, mais mon appartenance à mon pays resterait, qu'advienne ou non la souveraineté du Québec. Le Franco-Ontarien au fond se définissait par ce qu'il n'était pas : ni québécois ni anglo-ontarien. Tous les Franco-Ontariens étaient membres de ma famille, même les plus hautement acculturés. L'anglicisation n'est pas une tare, mais l'effet d'une société en mutation. Une guerre à finir que le minoritaire ne pouvait pas remporter. Elle ne m'empêche pas d'appuyer les efforts de survivance des miens, ainsi que de souhaiter l'issue heureuse du Mouvement national québécois aussi longtemps que ses aspirations demeurent fondées sur le respect de l'autre et sur la solidarité. Je fais d'instinct partie de ce mouvement national. Bien que résident de l'Ontario, je partage son histoire, ses manières d'être, ses chants, ses symboles et sa langue. On m'a formé pour toujours à l'école de ses héros et de ses maîtres à penser, à partir des débuts de la Nouvelle-France tout au long de son histoire, m'instruisant de ses faits d'armes, ses espoirs, ses échecs et son courage jusqu'à la Révolution tranquille et au-delà.

Bref j'étais et je reste un Franco-Ontarien, hybride ou amputé culturel, mais francophone jusqu'à la moelle et fier de l'être, ami de Dieu et des hommes, être humain unique et solidaire en route vers ce lieu commun où toutes les âmes de bonne volonté de toutes les allégeances et cultures se réunissent pour chanter la vie et se préparer pour la prochaine, de quelque façon qu'elle se présente. J'assume enfin mon identité dans toute sa complexité, sa richesse, ses carences, ses imperfections et ses incertitudes, avec reconnaissance et grande fierté.

ÉPILOGUE

IL Y EUT D'ABORD LA CHUTE DES TOURS de New York en 2001. Au grand étonnement de ses alliés se mettant à trembler, l'Amérique est apparue soudainement fragilisée, sans direction, dissimulant peurs et angoisses derrière un fanatisme religieux et un militarisme unilatéral à tous crins. Croulant sous le fardeau d'une dette insurmontable et sacrifiant en quelques années sa précieuse démocratie sur l'autel de la sécurité, elle amorça sa descente aux enfers. Ben Laden, sur le coup, triomphait.

Pendant que le reste du monde se positionnait pour mieux gérer la victoire vacillante de l'humanisation et de la démocratisation, tenant bon en dépit des intégrismes de toutes couleurs, cette superpuissance devenait de plus en plus fautrice de troubles et de désordres, sombrait dans le chaos. Le Pentagone sous le jeune Bush et Cheney, ces deux menteurs retranchés derrière un moralisme de pacotille, avait regardé Rome incendiée poursuivant ses guerres mercantiles contre des pays d'importance secondaire, enrichissant ses amis et s'illusionnant d'invincibilité.

Puis vint un homme d'espoir qui, après les soubresauts monstrueux à Tiananmen, au Timor Oriental, en Tchétchénie, dans l'ancienne Yougoslavie, au Rwanda, en Palestine, en Irak et ailleurs, dans les myriades d'autres brasiers que l'Amérique et d'autres États impérialistes avaient allumés, s'apprêtait à remettre son pays et par là l'humanité sur la voie du dialogue, de la paix et de la fraternité. La route serait longue car il était de race noire.

Les horreurs antérieures n'avaient donc été qu'un prélude nécessaire à un monde meilleur à venir. Les forces du bien allaient triompher en dépit des abominations engendrées par les religions dogmatiques et sans âme créées par les hommes. Le peuple s'était donc enfin réveillé, un sauveur avait sonné la charge, mais un nombre grandissant de fondamentalistes fouettés jusqu'à l'hystérie par les maîtres de l'argent, tentaient avec l'énergie du désespoir de reprendre les commandes et de retourner à leurs vieilles habitudes mensongères et meurtrières en criant le nom de Dieu. On se mettait à dire qu'ils allaient l'emporter et que l'Empire américain était sur la voie d'une implosion irréversible tel l'Empire romain au début de l'ère chrétienne.

Mais soudain la foule nord-africaine s'agitait. Le peuple tunisien envahissait les rues, puis venait le tour de l'Égypte, suivie de la Libye, de la Syrie et de l'élection d'Obama pour un deuxième terme. Peut-être Dieu, ou le successeur que je Lui avais trouvé, à sa façon et malgré tout, était-Il à l'œuvre. On avait le sentiment, en effet, que l'homme se dirigeait à petits pas, et en dépit de tout mal se répandant comme une traînée de poudre aux quatre coins de la planète, vers son propre accomplissement et vers l'apaisement de l'Univers sous l'œil d'une Présence bienveillante et respectueuse de la liberté humaine dont chaque être était solidaire et que chacun portait en lui. Il faisait bon d'y croire, en tout cas, pour qui voulait une version optimiste de l'histoire, un dénouement heureux.

Pour ce qui est de l'Église de Rome aux prises avec ses scandales sans nom, on avait élu à sa tête un Grand Inquisiteur qui en était encore au péché mortel et à l'enfer, à la poursuite des hérésiarques et nostalgique de la messe en latin. C'est tout dire. Le Saint-Esprit avait fait fausse route encore une fois le jour de ce conclave et cette fois, par malheur peut-être, le coup risquait d'être mortel.

Les humains pourtant avaient encore soif d'une Église porteuse d'un christianisme véritable libéré de ses dogmes et de ses vérités infaillibles. Ils portaient en eux l'espoir d'une foi authentique à venir, l'espérance aussi et surtout la charité. Une telle Église renaîtra-t-elle des cendres de l'ancienne ? Plaise à Dieu qu'elle retrouve sa mission évangélique ou qu'elle périsse !

Au moment d'écrire ces lignes, un nouveau conclave prenait fin, encore une fois celui de la dernière chance. Voilà que les papables princiers de Milan et du Canada sont mis en déroute. Émerge gagnant un ami des pauvres. Aura-t-il raison de l'appareil ?

Claude m'appelle encore parfois et s'invite chez moi. J'en fais autant. Il s'est exclaustré de l'Église l'an dernier pour épouser sa ménagère avec la permission du Saint-Siège. Avec lui et d'autres amis, nous dégustons un bordeaux, causons de tout et de rien, de ces hommes d'extrême droite qui briment le progrès. Nous parlons d'amour, de solidarité, de bonheur et d'immortalité, même de survivance de notre culture française en Amérique et de la souveraineté des peuples dont celle du pays du Québec; de notre identité canadienne-française, conscients d'avoir rencontré sur notre chemin deux chevaliers qui se sont constitués en fossoyeurs, Pierre Elliot Trudeau (maintenant décédé) pour ce qui est de la part française et Stephen Harper bien vivant dans la capitale nationale, en regard de la dimension canadienne. Bref nous échangeons sur tout, même parfois sur Dieu, un vrai Dieu cette fois, s'Il existe, et non de ce Dieu auteur du gâchis humain. Ce dernier Dieu que les puissants comme les plus humbles invoquent à tort et à travers, les uns cherchant à satisfaire leurs besoins de domination et les autres à apaiser leurs angoisses de dominés, je ne suis pas d'humeur à Le prier de revenir. Surtout que j'ai rencontré cet autre Dieu au tréfonds de mon humanité et par le biais de mon identité franco-ontarienne. Il m'a parlé de compassion, d'amour, de solidarité et de vraie liberté.

TABLE DES MATIÈRES

Les Éditions L'Interligne
261, chemin de Montréal, bureau 310
Ottawa (Ontario) K1L 8C7
Tél.: 613 748-0850 / Téléc.: 613 748-0852
Adresse courriel: commercialisation@interligne.ca
www.interligne.ca

Directeur de collection: Suzanne Richard Muir

Œuvre de la page couverture: Shutterstock
Design de la page couverture: Melissa Casavant-Nadon
Graphisme: Estelle de la Chevrotière Bova
Correction des épreuves: Jacques Côté
Distribution: Diffusion Prologue inc.

Les Éditions L'Interligne bénéficient de l'appui financier du Conseil des Arts du Canada, de la Ville d'Ottawa, du Conseil des arts de l'Ontario et de la Fondation Trillium de l'Ontario. Nous reconnaissons l'aide financière du gouvernement du Canada par l'entremise du Fonds du livre du Canada (FLC) pour nos activités d'édition.

Les Éditions L'Interligne sont membres du Regroupement des éditeurs canadiens-français (RECF).

 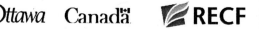

En collaboration avec

artsVest Ontario est géré par Les affaires pour les arts avec le soutien du gouvernement de l'Ontario, de la Fondation Trillium de l'Ontario et de Patrimoine Canada.

MARQUIS

Québec, Canada

Imprimé sur du papier Enviro 100% postconsommation traité sans chlore, accrédité ÉcoLogo et fait à partir de biogaz.

Ce livre est publié aux Éditions L'Interligne à Ottawa (Ontario), Canada. Il est composé en caractères Adobe Garamond Pro, corps douze, et a été achevé d'imprimer sur du papier Enviro 100% recyclé par les presses de Marquis imprimeur (Québec), 2014.